Inhalt

SOPHIA FASSNACHT UND VERENA PRECHTL

SELBST
BEWUSST
ist das neue

SOPHIA FASSNACHT UND VERENA PRECHTL

SELBST BEWUSST

ist das neue

Sexy

KOMPLETTMEDIA

Originalausgabe
1. Auflage 2018
© Verlag Komplett-Media GmbH
2018, München/Grünwald
www.komplett-media.de
ISBN Print: 978-3-8312-0468-7
Auch als E-Book erhältlich

Konzept und Realisierung: Muriel Marondel
Lektorat: Redaktionsbüro Julia Feldbaum, Augsburg
Korrektorat: Dunja Reulein
Umschlaggestaltung: Guter Punkt, München
Illustrationen und Design: Heike Kmiotek – fine design – Erkrath, www.heike-kmiotek.de
Satz: Daniel Förster, Belgern
Druck & Bindung: COULEURS Print & More, Köln

Einleitung

»»Hey, Sophia, wenn du einen Gürtel anhättest, dann wäre es der Äquator‹, rief einer der Jungs. Und alle lachten. Dieser Stich traf mitten ins Herz. Ich versuchte trotzdem, cool zu wirken. Jetzt bloß nicht weinen, dachte ich mir. Alle Augen waren auf mich gerichtet. Ich hörte mein Herz laut pochen und merkte, wie mir abwechselnd heiß und kalt wurde. Mist, mein Gesicht war gerade bestimmt knallrot angelaufen. Gerade war es doch noch lustig gewesen, wir hatten gequatscht und herumgealbert. Den ganzen Tag hatte ich mich schon auf dieses Treffen gefreut, hatte mir den neu erstandenen Pulli angezogen und Lipgloss aufgetragen.

Ich war elf Jahre alt – und alles, was ich heute wollte, war, dazuzugehören. Mit der coolen neuen Clique abhängen. Mit der, in der es auch Jungs gab, die älter waren als ich. Wer weiß, vielleicht war da ja auch einer, der mir gefiel? Meine Freundin hatte mich mitgenommen, und weil ich auf eine Mädchenschule ging, hatte ich im Allgemeinen wenig Kontakt zu Jungs. Und, nun ja, wahrscheinlich auch, weil ich – zumindest gefühlt – nicht zu den Mädchen gehörte, für die sich die Jungs sonderlich interessierten. Im Gegensatz zu meiner Freundin, die groß und schlank war, war ich klein und seit meiner Kindheit ein Pummelchen. Und weil ich mich in meinem Körper nicht besonders wohlfühlte, hatte ich mich an diesem Tag unter einer großen Bomberjacke versteckt – und trotzdem diesen Spruch kassiert.

Als ich später nach Hause kam und allein in meinem Zimmer saß, spürte ich die Verletzung, die ich vor den Augen der anderen nicht zulassen wollte. Sie fanden mich also zu fett …

ICH BESCHLOSS: SO WILL ICH MICH NIE MEHR FÜHLEN MÜSSEN.

Sophia

Von nun an begann ich, bei meinen Treffen mit der Clique bis zu vier Gürtel unter meine Shirts zu schnallen, damit mein Bauch darunter nicht mehr zum Vorschein kam. Vielleicht merkten die Jungs so, dass ich eigentlich gar nicht so hässlich war ...

Dieser Nachmittag in meinem Leben als elfjähriges Mädchen ist mir im Gedächtnis geblieben. Weil die Aussage über meinen Bauchumfang ein Schlüsselerlebnis war, das dazu geführt hat, dass ich mich äußerlich verändern wollte. Und diese Veränderung bedeutete für mich vor allem eines: dünn zu werden. Der Wunsch, nicht mehr pummelig zu sein, schlug in den darauffolgenden Jahren leider ins Gegenteil um und nahm einige Zeit auch weniger gesunde Züge an.

Als mir zwei Jahre später ein Junge beim Flanieren in der Münchner Innenstadt ›du Klappergestell‹ hinterherrief, war das für mich keine Beleidigung. Im Gegenteil: Ich fühlte mich geschmeichelt. Ich hatte es geschafft – endlich war ich richtig dünn. Und ›dünn sein‹ setzte ich zum damaligen Zeitpunkt mit ›schön sein‹ gleich.

Viele Jahre aß ich sehr wenig, um mein Gewicht zu halten. Während meiner Teenagerjahre ging es also vor allem ums Kalorienzählen. Natürlich bedeutete das auch, dass ich mich jahrelang selbst unter Druck setzte. Die Erkenntnis, dass Schlanksein nicht gleich Selbstkasteiung bedeuten musste, kam leider nicht von heute auf morgen.

Ich wäre nicht ehrlich, würde ich behaupten, dass der Punkt, an dem ich heute bin, kein längerer Prozess war. Die Balance zu finden zwischen fit bleiben wollen, aber sich trotzdem die Gelüste nach einem Stück Kuchen oder dem Riegel Schokolade zuzugestehen, das hat schon einige Jahre gedauert.

Heute bin ich immer noch dünn, aber aus vollkommen anderen Gründen. Der große Unterschied zu meinem früheren Ich ist, dass es mir nicht mehr darum geht, um jeden Preis einem bestimmten Schönheitsideal nachzujagen. Und ich bin auch nicht mehr bereit, für ein Idealgewicht unnötig zu leiden. Ich ernähre mich gesund und ausgewogen und treibe regelmäßig Sport. Für mich hat mein heutiger Lebensstil jedoch viel mehr mit Selbstfürsorge zu tun – und die beginnt ganz klar mit einer liebevollen inneren Einstellung sich selbst gegenüber. Ich achte auf mein Gewicht, ja. Aber eben nicht mehr, weil es mir wichtig ist, was die anderen über mich denken. Sondern weil ich es verdient habe, mich wohlzufühlen. Und ums Wohlfühlen im eigenen Körper, egal, was dir von anderen vermittelt wird, darum geht es in diesem Buch.«

• • • • • • •

»Die Sache mit dem ›Aus-dem-Schönheitsideal-Rahmen-Fallen‹ fing bei mir eigentlich schon früh an. Allerdings nicht, weil ich ein übergewichtiges Kind war – ich war meine gesamte Kindheit normalgewichtig –, sondern weil ich schon immer die Größte in meiner Klasse war. Also wurde ich bereits im Grundschulalter gehänselt und ›der Riese‹ genannt. Bis heute läuft mir beim Wort Riese ein Schauer über den Rücken – weil ich mir Riesen immer wie furchtbar ungestüme Wesen mit Warzen im Gesicht vorgestellt habe. Der Riese zu sein war also eine der Stigmatisierungen, die mich wissen haben lassen: Du bist irgendwie anders – und weil du anders bist, stimmt etwas nicht mit dir.

Wenn ich rückblickend daran denke, was mir während meiner späteren Internatszeit alles blühte, dann war ›Riese‹ wohl noch eines der liebevolleren Dinge, die man mir bezüglich meines Kör-

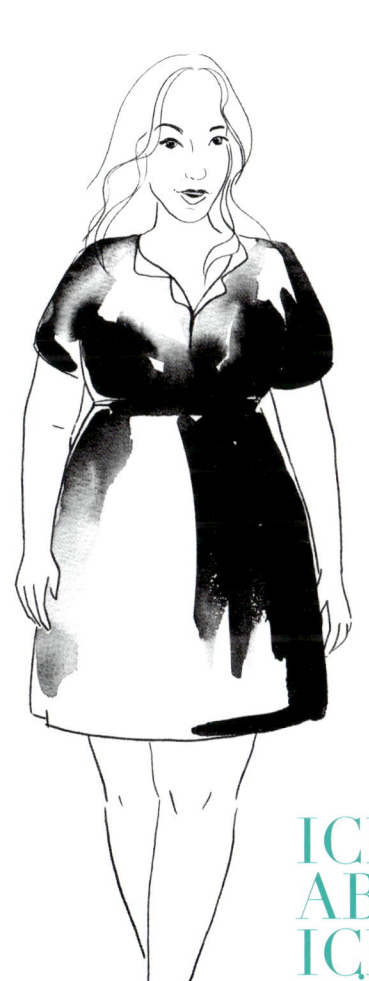

ICH BIN DICK,
ABER
ICH BIN
KÖRPERLICH
GESUND.

Verena

pers so an den Kopf geworfen hatte. Als ich elf oder zwölf Jahre alt war und die Pubertät einsetzte, litt ich unter starker Akne: gefundenes Fressen für meine Mitschüler im Internat. Von nun an wurde ich also auch das ›Pickel-Face‹, das täglich mit Beleidigungen traktiert wurde.

Ich erinnere mich gut, wie ein Freund aus meiner Heimat am Tegernsee – der das gleiche Internat wie ich besuchte und mit dem ich mich außerhalb der Schulmauern immer total gut verstanden habe – begann, sich unter dem Gruppenzwang ebenfalls dem Mob anzuschließen. In dieser Zeit, in der ich nur alle paar Wochen in den Schutz meiner Familie konnte, fühlte ich mich fürchterlich einsam. Und begann, aus Frust zu essen, was dazu führte, dass ich immer mehr an Gewicht zulegte. Jetzt war ich nicht nur der ›Riese‹ und das ›Pickel-Face‹, sondern auch noch der ›Elefant‹, die ›fette Sau‹ oder das ›fette Schwein‹. Ich war dreizehn, saß allein auf meinem Zimmer an einem Ort, der nicht mein Zuhause war, und wusste einfach nicht, was an mir so falsch sein konnte, dass man mir so unfassbar wehtun wollte. Diese Zeit war die absolute Hölle. Viele Jahre war ich ein Mobbing-Opfer – ein hochsensibles Mädchen, das sich nicht traute, sich zu wehren.

Später habe ich die Schule gewechselt und fand dort auch tolle neue Freunde, das Body-Shaming ist aber bis heute ein Teil meines Lebens geblieben. Einige Jahre nach der Schulzeit – ich war mittlerweile Studentin in München – fragte mich ein älterer Mann in der Trambahn, ob ich denn eigentlich keinen Spiegel zu Hause hätte. Er spielte auf den Rock an, den ich an diesem Tag trug. Dickere Frauen durften das seinem Geschmack nach wohl nicht – und so fühlte er sich dazu berechtigt, mich beleidigend auf mein Äußeres anzusprechen. Dieser Vorfall führte dazu, dass ich längere Zeit keine Röcke mehr trug.

Heute würde ich ihn fragen, ob er noch alle Tassen im Schrank habe. Nun ja, eigentlich würde ich ihm wahrscheinlich schlimmere Schimpfwörter an den Kopf werfen, mit denen ich mich hier aber mal zurückhalten möchte. Denn seit dieser Zeit hat sich einiges geändert.

Ich kann mittlerweile sagen, dass ich eine gute Beziehung zu mir und meinem Körper habe.

Ich bin aktiv, ich bewege mich, ich stehe erfolgreich im Leben, und ich habe seit mehr als zehn Jahren einen Partner an meiner Seite, der mich unterstützt und liebt, der mir nach all der Zeit noch immer sagt, wie schön ich für ihn bin – trotz der 40 Kilo, die ich während unserer Beziehung zugenommen habe. Ich bin nicht die ›immer glückliche Vorzeigedicke‹, in diese Rolle wollte ich mich nie pressen lassen. Ich habe Tage, da hadere ich mit meinem Gewicht. Ich schließe auch nicht aus, eines Tages abzunehmen. Nicht, weil ich mein Leben von einem bestimmten Ideal bestimmen lassen möchte, sondern weil ich mich wohlfühlen möchte – und deshalb mit meinem Körper tun und lassen kann, was ich will. Ich habe allerdings immer Respekt verdient, egal, wie mein Körper gerade aussieht. Ich bin Verena, nicht die Beleidigungen, die ich in meinem Leben über mich ergehen lassen musste. Ich falle vielleicht aus der Reihe, weil ich keinem engmaschigen Schönheitsideal entspreche – aber ich bin schön, weil ich ich bin.«

Du bist das schönste Geschenk

Das schönste und größte Geschenk, das du dieser Welt machen kannst, ist, du selbst zu sein. Selbstbewusst zu sein. Nichts ist kraftvoller, nichts befreiender, als dir deiner selbst bewusst zu werden. Ein Gespür dafür zu bekommen, wer du bist, wer du vielleicht werden möchtest – im Rahmen deiner dir gegebenen Möglichkeiten. Frei zu entscheiden, ob du mit dem Du, das du gerade in diesem Moment im Spiegel siehst, dem Ich, das du in deiner Innenwelt spüren kannst, vollkommen zufrieden bist, es annehmen kannst, so, wie es sich im Moment zeigt. Du selbst zu sein, ganz gleich, ob du vielleicht spürst, dass du etwas ändern möchtest. Zu wissen, dass da Potenzial ist auf deinem Weg zu einem selbstbewussteren Menschen. Ein Potenzial, das du noch nicht ausgeschöpft hast, das aber darauf wartet, entdeckt zu werden. Das auf dich wartet.

Der Weg zu einem gesunden, selbstbewussten Leben führt über die Annahme dessen, was du gerade bist – egal, wo du momentan in deinem Leben stehst. Ob du beruflich erfolgreich bist oder dich in vielen Bereichen ungesehen fühlst, ob dich andere Menschen viele Male verletzt haben oder ob du mit Komplimenten überschüttet wirst, ob du in einer Liebesbeziehung bist oder Dauersingle – und auch, ob du eine »Size Zero«, mollig oder dick bist.

Egal, was sich dir gerade in deinem Leben zeigt, was andere über dich denken und sagen mögen: Du für dich kannst die Entscheidung treffen, dass das, was dich ausmacht, was dir Wert verleiht, unabhängig von all den äußeren Faktoren ist, die man dir vielleicht als »lebensnotwendig« verkauft hat. Von denen du vielleicht dachtest, sie würden dich glücklich machen, wenn du sie nur endlich besitzen würdest.

Was wirklich wichtig ist, ist dein eigenes Gefühl von Wert und von Liebe zu dir selbst. Dieses Ja zu dir selbst zu stärken, davon handelt dieses Buch. Es handelt davon, ein »Ja« zu dir und deiner Einzigartigkeit auszusprechen – ein »Ja« zu deinem Körper, ein »Ja« zu deinem Wert, der durch nichts auf dieser Welt infrage gestellt werden sollte.

So, einmal tief durchatmen. Natürlich ist hier ein mentaler Fallstrick versteckt. Denn dieses »Du-selbst-Sein« ist gar nicht so leicht, wie es sich anhört. Weil das, was wir über uns denken und empfinden, was uns von außen gespiegelt wird, oft nicht besonders liebevoll ist. Weil man uns immer wieder erzählt hat, dass mit uns etwas nicht stimmt. Weil wir irgendwann angefangen haben, es auch zu glauben. Weil ganze Industrien darauf aufgebaut sind, uns zu erzählen, dass wir nur schöner, schlanker oder erfolgreicher sein müssten, um endlich erfüllte und zufriedene Menschen zu werden. Weil die Zeitschrift, die neben uns liegt, uns vielleicht weismachen will, dass wir eben nicht wir selbst sein sollen, sondern möglichst etwas verändern müssen, damit wir endlich, endlich glücklich und zufrieden sind.

Und selbst dieses Glücklichsein wird uns als Konzept aufgedrängt. Denn leider wird der »Body-Positivity-Trend« auch oft so verstanden: Wenn wir mit dem Körper, den Voraussetzungen, die wir eben mitbringen, nicht über alle Maßen zufrieden sind und etwas verändern wollen, stimmt auch schon wieder etwas nicht mit uns.

»Sei gefälligst zufrieden mit dir und in ständiger Zen-Haltung«, wird uns suggeriert. Aber wie soll das gehen – bei all dem Druck? Egal, was wir zu sein versuchen, irgendetwas hängt dauernd schief, irgendetwas zieht immer.

Tief in unserem Inneren haben wir Menschen – und zwar alle – zwei grundlegende Bedürfnisse: Wir wollen wir selbst sein, also autonom sein. Und: Wir wollen Teil des Ganzen, der Gemeinschaft sein, uns also verbinden. Diese beiden Bedürfnisse können zu einem großen inneren Konflikt führen. Besonders dann, wenn uns die Gemeinschaft sagt, dass wir so, wie wir sind, nicht richtig sind. Und das kann so weit gehen, dass wir glauben, mit uns sei etwas grundlegend falsch. Der Druck, anders sein zu müssen, scheint mittlerweile unser ständiger Begleiter zu sein.

Vergiss die Sache mit dem Glück vielleicht einfach mal für einen Moment. Vielleicht hast du die Worte »Du selbst sein in einer Welt, die dir ständig vermittelt, ein anderer sein zu müssen, ist ein revolutionärer Akt« schon einmal irgendwo gelesen. Und ja – du selbst zu sein in einer Welt, die dir weismachen will, dass mit dir etwas nicht stimmt, ist wahrlich ein revolutionärer Akt.

Und Revolutionen – so wissen wir aus der Zeitgeschichte – sind nicht leicht umzusetzen, und sie sind auch oft mit Anstrengung verbunden.

Nimm den Druck raus! Hier will dir keiner erzählen, dass du von heute auf morgen dein allerbester Freund sein musst. Jede Revolution verläuft anders. Dein Weg zur Freiheit ist so individuell wie du selbst. Aber – und da sind wir wieder bei der Gemeinschaft – wir können die Revolution auch zusammen gestalten.

Konkret heißt das erst mal: Sei unglücklich, wenn du gerade unglücklich bist. Sei ängstlich, wenn du gerade ängstlich bist. Sei alles, was du gerade fühlst. Auch wenn sich das erst einmal seltsam anhören mag. Aber du selbst zu sein heißt wirklich, du zu sein, mit allem, was da gerade da ist. Auch wenn du im Moment fürchterlich unzufrieden bist, auch wenn die Gefühle, die du mit dir herumträgst, ganz schwer zu ertragen sind. Auch wenn du deinem Hüftspeck gerade nichts Positives abgewinnen kannst: Der erste Schritt zu einem selbstbewussteren Leben ist, dir selbst zu zeigen, dass du dich mit allem, was dich ausmacht, was du bist, auch mit all deinen Anstrengungen siehst, erkennst – und anerkennst.

»BODY-POSITIVE«
zu sein ist schon fast wieder zu einem Privileg geworden. »Jetzt sei doch mal zufrieden mit deinem Körper und dir selbst.« Mit Betonung auf
JETZT.

Nun – und da wollen wir ganz ehrlich sein – ist es leicht zu sagen, man sei »body-positive«, wenn das Äußere einem medialen oder gesellschaftlichen Idealbild ohnehin schon sehr nahe kommt. Etwas breitere Hüften zu haben wäre für viele Menschen, die deutlich sichtbare »Einschränkungen« hinnehmen müssen, mit Sicherheit ein geringes Übel. Das soll nicht heißen, dass ein negatives Selbstbild eines Menschen als unwichtig abgetan werden sollte, à la: »Es gibt Menschen, denen geht es deutlich schlechter als dir.« Es ist nur wichtig, den Body-Positivity-Trend differenziert zu betrachten. Es ist wichtig, zu verdeutlichen: »Body-Positive« zu sein ist für jeden etwas anderes – und es ist schwer und mitunter eine lebenslange Herausforderung, sich immer wieder dafür zu entscheiden, mit sich im Reinen zu sein, gerade dann, wenn man häufig mit Ablehnung von außen konfrontiert ist. Es ist für manche Menschen schlichtweg nicht leicht, sich selbst anzunehmen, wenn sie stark übergewichtig sind und ständig angestarrt werden. Es ist auch nicht leicht, sich anzunehmen, wenn man nach einer Krebserkrankung eine Brust amputiert bekommen hat. Und es nicht leicht zu ertragen, aufgrund seiner Hautfarbe in seinem Alltagsleben diskriminiert zu werden.

Die Body-Positivity-Bewegung muss und sollte nicht zu einem seichten Trend werden. Sie sollte jeden Menschen einschließen – und darf niemand ausschließen. Jeder Mensch hat das Recht, gleich – und das heißt gleich gut – behandelt zu werden, unabhängig von seiner äußeren Erscheinungsform. Dazu gehört auch zu erwähnen, dass der Umkehrschluss, dicke Frauen zu glorifizieren und dünne Frauen gleichzeitig als »Klappergestell« zu degradieren, höchstens frauenfeindlich ist – und sicher nicht dem Ziel der Body-AktivistInnen dient. Body-Positivity sollte immer antidiskriminierend sein.

Dieses Buch will also keinen Druck erzeugen in einer Welt, in der wir ohnehin ständig dem Druck nach Perfektion ausgesetzt sind. Nein, du MUSST dich nicht sofort lieben, du MUSST nicht auf der Stelle vollkommen zufrieden mit dir und deinem Körper sein, du MUSST nicht so tun, als könnten dir Verletzungen und Mobbing nichts anhaben. Genau das ist der Punkt: Du musst gar nichts. Das Einzige, was du vielleicht tun musst, ist, erst einmal nichts zu tun – du darfst einfach nur du selbst sein. Der Schritt zu größerer Selbstakzeptanz ist zunächst also viel mehr eine Entscheidung als die Suche nach einem augenblicklichen Ergebnis. Eine Entscheidung, so bewusst und liebevoll mit dir umzugehen, wie es eben in diesem Moment für dich möglich ist. Und auch ein klitzekleiner Schritt in Richtung dieser Entscheidung ist ein wichtiger Schritt.

In dieser ersten, bewussten Entscheidung, dich so weit, wie du gerade kannst, anzunehmen, liegt der erste Schritt zu einem neuen Selbst(-Bewusstsein). Auch mit einem kleinen Schritt wird ein Weg zu einem selbstbewussteren und letztlich selbstbestimmteren Leben geebnet werden. Du kannst lernen, dich wertzuschätzen, und du kannst sofort damit beginnen – mit all deinen sogenannten Makeln, mit deinen Sorgen und auch deinen Wünschen nach Veränderung. Mit deinem Gefühl, nicht dazuzugehören. Deiner Unsicherheit, weil du vielleicht einem bestimmten, von der Gesellschaft vorgegebenem Körperideal nicht entsprichst. Mit deinem Gefühl, anders – und somit »falsch« – zu sein.

Der Weg zu einem selbstbewussteren Leben führt zuallererst zum Verständnis darüber, wo du gerade stehst. Vielleicht gibt es schon vieles, was du an dir magst, und das ist wunderbar. Vielleicht kannst du dich einfach noch nicht gern haben, vielleicht sitzen deine Verletzungen sehr tief. Aber der erste Schritt, zu dem dich dieses Buch ermutigen will, ist, dass du eine Vision von einem zukünftigen Selbst haben darfst, dass du ein Gefühl davon zulässt, dass es wertvoll ist. Und dass du für diesen Wert nichts, wirklich nichts tun musst. Weil du mit all dem, was du bist, in all deiner Einzigartigkeit wertvoll bist. Und du nichts tun musst, um diesen Wert zu erlangen, weil dein größtes Geschenk an diese Welt ist, du selbst zu sein. Der Weg zu einem selbstbewussteren Leben beginnt genau jetzt in diesem Moment.

Schön, schöner, am schönsten – oder welchen Einfluss Schönheitsideale auf unser Selbstbewusstsein nehmen

Der Po ist zu flach, das Gesicht zu faltig, die Nase zu groß, die Beine zu kurz, die Haare zu dünn, die Brüste zu klein, die Arme zu behaart, die Lippen zu schmal, die Oberschenkel zu unförmig, die Schwangerschaftsstreifen zu auffällig, der Bauch zu schwabbelig, die Fingernägel zu brüchig, die Augenbrauen nicht buschig genug, und die Augen, die sitzen irgendwie auch zu nah beieinander.

Kommt dir eine dieser Aussagen bekannt vor? Diese Liste der »körperlichen Unzufriedenheiten« könnte man bis ins Unendliche weiterführen. Wir alle standen schon einige bis unzählige Male vor dem Spiegel und haben uns für unsere angeblichen Makel kritisiert. Wir alle haben Gespräche mit Freundinnen geführt, in der sie uns von einer für sie schrecklich auffälligen Un-Perfektion in einer Art und Weise erzählten, als seien sie das Monster von Loch Ness höchstpersönlich. Und wir, die wir unsere Freundin lieben und bisher nicht für ein schreckliches Unterwasserungeheuer gehalten haben, sitzen da vielleicht und versichern ihr: »Nein, wirklich. Du hast keine riesigen Monsterzähne. Und dein Hals ist auch nicht zu lang. Ich finde dich eigentlich ganz schön. Ziemlich schön sogar.«

Ja, wir kennen das: Während der Blick auf die Menschen, die uns etwas bedeuten, oftmals ein sehr liebevoller ist, der wirklich ganz und gar keine Hässlichkeit erkennen kann, gehen wir mit uns selbst so hart ins Gericht, als säßen wir wegen eines schweren Vergehens auf der Anklagebank, wegen des »Verstoßes gegen das Schönheitsidealgesetz«. Geforderte Strafe: »Schämen solltest du dich.« Nun, das mag überspitzt klingen, aber wenn man sich die harten, »schönen« Fakten ansieht, sind es gerade Frauen, das sogenannte schöne Geschlecht, die mit ihrem Körper hadern, beim Blick in den Spiegel Makel erkennen und glauben, sie müssten etwas an ihrem Äußeren verändern, müssten einem bestimmten Ideal entsprechen, um sich und der Welt da draußen besser zu gefallen.

Dass Frauen mit ihrem Äußeren unzufrieden sind, ist nicht mehr die Ausnahme, sondern zum absoluten Standard geworden. Viele Frauen stehen mit ihrem Aussehen auf Kriegsfuß oder fühlen sich – an den heutigen Schönheitsidealen gemessen –, gelinde gesagt, einfach noch nicht »schön genug«. Umfragewerte rund um das Thema Schönheit sprechen für sich:

Gerade einmal zehn Prozent der deutschen Frauen würden sich selbst als schön bezeichnen. Ganze 72 Prozent wären gern schlanker, so eine Umfrage der Marplan Forschungsgesellschaft mit über 10.000 Befragten. Und auch vor Kindern macht der Schönheits- und Schlankheitswahn nicht halt. Jedes zweite deutsche elfjährige Mädchen gibt an, sich zu dick zu fühlen. Laut einer Umfrage des Robert Koch-Instituts liegt bei etwa einem Fünftel aller Elf- bis 17-Jährigen der Verdacht auf eine Essstörung vor. Jedes dritte Mädchen zwischen 14 und 17 Jahren zeigt Auffälligkeiten im Essverhalten, bei Jungen sind es 13,5 Prozent. Die verspürte Last, dem Ideal einer perfekten Schönheit entsprechen zu müssen, sehen viele Frauen von den Medien ausgelöst: 46 Prozent fühlen sich von den Bildern der Models, die sie Tag für Tag auf großen Werbeplakaten, im Internet oder im Fernsehen sehen, immens unter Druck gesetzt.

Wer schön ist, so scheint die Schlussfolgerung, der lebt auch ein einfacheres, ein glücklicheres Leben. Die Heil bringende Antwort auf ein Gefühl der Minderwertigkeit liefert für viele eine Industrie, die jährlich Milliarden mit dem Konzept »Schönheit« umsetzt: Wer sich heute dafür entscheidet, mit Produkten und Dienstleistungen rund um das Thema Geld zu verdienen, lebt in wahrhaft guten Zeiten. Denn die Schönheitsindustrie boomt wie noch nie zuvor. 53 Milliarden Dollar werden weltweit jährlich für sogenannte Cover-up-Kosmetik, also Produkte rund um Augen, Gesicht, Lippen und Nägel, ausgegeben. Allein die Deutschen zahlten im Jahr 2016 rund 1,84 Milliarden Euro für »dekorative Kosmetik«. Das macht eine monatliche Pro-Kopf-Ausgabe von etwa 110 Euro. Nun bitte nicht falsch verstehen: Hier soll nicht bewertet werden, dass sich Frauen gern hübsch machen, sich um sich sorgen und sich Gutes tun wollen. Das tun wir alle gern, ob es nun mit dekorativer Kosmetik oder anderen Pflegemaßnahmen stattfindet. Aber der Unterschied zwischen der Motivation »Ich unterstreiche meine Schönheit«, die davon ausgeht, dass wir alle etwas Schönes und

Einzigartiges besitzen, und »Ich bin nur schön, wenn ich mich (über-)schminke«, liegt klar auf der Hand.

Wer noch mehr für die Schönheit tun will, der greift immer häufiger zu drastischeren Maßnahmen: Operative Eingriffe und die plastische Chirurgie sind mittlerweile kein Tabu mehr, sondern gesellschaftsfähig geworden: Rund 23 Millionen chirurgische und nicht chirurgische Eingriffe werden jährlich durchgeführt. Meist sind es auch hier Frauen, nämlich 80 Prozent, die sich für die Schönheit das Fett absaugen, die Augenfalten mit Botox unterspritzen oder die Brüste vergrößern lassen. Zwar ist auch beim männlichen Geschlecht eine steigende Bereitschaft zu Schönheitseingriffen zu verzeichnen, aber mit 17,5 Prozent ist der Anteil der Männer, die sich dafür entscheiden, dennoch merklich geringer. Schönheit ist also ein Riesenthema. Das heutige Ideal von Frauen sieht in den meisten Köpfen so aus, wie es uns durch die Bilder der Models auf den Plakaten eingeimpft wird: schlank, hellhäutig, aber gebräunt, lange Haare, große Augen, kleine Nase, volle Lippen, hohe Wangenknochen, blitzweiße Zähne, unbehaart, mit runden, stehenden Brüsten und einem möglichst knackigen Po.

Was wir beim Anblick dieser »Überwesen« aus den Werbeplakaten und Modezeitschriften vergessen, ist, dass selbst Models im Normalfall nicht so aussehen, wie sie auf diesen Bildern wirken. Was noch nicht dem Idealbild entspricht, wird per Photoshop und Co. ideal gemacht. Was in unseren Köpfen geschieht, ist das, was man eine »mediale Gewöhnung« nennt. Bilder, die wir unablässig sehen, führen zu einem Gewöhnungseffekt. Obwohl also der Körper eines Models für eine Frau mit einer durchschnittlichen Statur, wenn überhaupt, oft nur mit größter Anstrengung und Entbehrungen erreicht werden kann, weil er im Schnitt 20 Prozent dünner ist als der von Frauen mit Normalgewicht – und weil der Körper blutjunger Models oft wenig mit den Maßen einer erwachsenen Frau zu tun hat –, beginnen wir zu glauben, dass das Extrem normativ ist. Also das zeigt, was wir gesellschaftlich als Norm betrachten. Die Maße 90–60–90, die man über viele Jahre so gern als Körperideal bezeichnet hat, sind für erwachsene Frauenkörper tatsächlich eine extreme Seltenheit. Denn während bei der Brust der reale Umfang einer erwachsenen Frau tatsächlich 90 Zentimetern entsprechen könnte, spiegeln die Maße 60 und 90 bei Taillen- und Hüftumfang eher den Durchschnittswert eines jugendlichen Mädchens wider.

Was haben diese unrealistischen Ideale mit unserem Selbstwert gemacht, und wie weitreichend sind die Folgen? Auch hier sind die Ergebnisse alarmierend und zeigen, wie dringend ein Umdenken nötig ist.

Der »Dove Beauty Confidence Report« aus dem Jahre 2016 zeigt, dass der Selbstwert von Frauen weltweit stetig abnimmt. 86 Prozent der Frauen in Deutschland gaben an, aufgrund eines negativen Selbstbildes bereits soziale Aktivitäten gemieden und sich freiwillig isoliert zu haben. Bei 91 Prozent der Frauen hat ihr negatives Körperbild dazu geführt, dass sie bereits auf Nahrung verzichtet oder ihre Gesundheit durch andere Maßnahmen gefährdet haben. Dass ein negatives Selbstbild über die Körperwahrnehmung hinaus tief ins Seelenleben eingreift, zeigt die Aussage, dass sechs von zehn Frauen den Druck verspüren, keine Schwäche zeigen zu dürfen. »Immer perfekt sein zu müssen«, das ist es, was viele von uns tagtäglich spüren. Nun wissen die meisten Frauen (72 Prozent) laut dieser Studie aber auch, dass die Ideale, die von den Medien kommuniziert werden, unrealistisch sind, und wünschen sich eine Veränderung, um den Druck nach Schönheit aufzulockern. Die Body-Positivity-Bewegung ist hierbei ein wichtiger Schlüsselfaktor. Denn der Ruf nach einer Welt, in der sich Frauen sich selbst und ihrem Körper liebevoll zuwenden können, ohne in eine Schablone gezwängt zu werden, wird immer lauter. Wer sich über viele Jahre an hohen Maßstäben orientieren musste, beginnt nun, sich immer mehr dem Druck von aufoktroyierten Idealen zu widersetzen. Obwohl die sozialen Medien natürlich auch ein Ort sind, in denen das Ideal vom perfekten Körper propagiert wird, hat sich durch die Demokratisierung der Mode- und Medienwelt durch die Digitalisierung auch eine neue Diversität herausgebildet.

Viele Menschen beginnen, sich gegen ein vordiktiertes Ideal zu wehren. Sie wollen sie selbst sein dürfen. Die Individualisierung kommt also langsam auch bei unseren Körperidealen an. Wir selbst werden Herr oder Herrin unseres Wertes – und lassen keine Industrie, keine Medien und keine anderen Menschen darüber bestimmen. Die Botschaft der Body-Positivity-Bewegung ist:

DU BIST SCHÖN,
weil du wertvoll bist. Und nicht
wertvoll, weil du schön bist.

Bin ich schön?

Kommt ganz darauf an, in welcher Epoche du fragst. Vielleicht muss man ein wenig in die Vergangenheit reisen, um sich dem Begriff Schönheit von einem erfrischenden Standpunkt aus zu nähern und sie ein wenig von der starken Fokussierung auf ein heutiges Ideal zu lösen. Denn die Schönheit »von heute« ist nicht unbedingt die Schönheit »von früher«.

Wenden wir uns, bevor wir uns später wieder mit den heutigen Schönheitsidealen und der Body- Positivity-Bewegung beschäftigen, zuerst der Vergangenheit zu und tauchen ein wenig in die Geschichte der Schönheit ein. Die Suche danach, Schönheit zu begreifen, ist wohl so alt wie die Existenz des Menschen selbst. »Schön ist eigentlich alles, was man mit Liebe betrachtet«, sagte der Dichter Christian Morgenstern, was sich sehr idealistisch und romantisiert anhören mag. Doch wenn man sich bei der Frage danach, was die ideale Schönheit eigentlich ist, auf Spurensuche begibt, zeigt sich in der Zeitgeschichte ein Bild der Diversität. Schönheit hat eben tausend Gesichter ...

DIE ÄGYPTER

Im alten Ägypten, in einer Zeit vor mehr als 5000 Jahren, herrschten ironischerweise ähnliche Schönheitsideale wie heute. Man könnte sagen, die alten Ägypter waren, was Schönheitspflege anbelangt, ziemliche »Pros«. Schlank, haarlos und möglichst top-gestylt galt im alten Ägypten als absolut »en vogue«. Wie sich auf zahlreichen Gemälden oder Reliefs zeigt, wurden die Frauen meist mit langen Haaren, feinen Gesichtszügen, großen, ausdrucksstarken Augen, schmalen Hand- und Fußgelenken und feinen Fingern abgebildet. Im Gegensatz zu alten indischen oder asiatischen Abbildungen von Frauenkörpern wurden in Ägypten keine üppigen Brüste und breiten Hüften gezeigt, die körperlichen Merkmale zeichneten sich ab, waren aber dennoch eher subtil und grazil. Geradezu besessen ging man im ägyptischen

Reich mit der Körperpflege um: Schonungslos wurde auch das noch so kleinste Haar von Mann und Frau abrasiert und gezupft, der enthaarte Körper anschließend gebadet. Seife war damals noch nicht bekannt, deshalb mussten sich die Ägypter mit ziemlich hartem, aber dennoch höchst wirksamem Zeug wie Natron, Asche und Soda im Nil baden. Übrigens: Die Männer im alten Ägypten würde man heute wahrscheinlich als »metrosexuell« bezeichnen: Ein gut geschminktes Gesicht war für beide Geschlechter ein Ausdruck von hohem sozialem Rang, und ein gut ausgestatteter Kulturbeutel gehörte in den Schrank eines jeden ägyptischen Mannes – und war ganz und gar kein Zeichen von Unmännlichkeit.

DIE GRIECHEN

Nicht für alle Kulturen war Schönheit allein mit dem Körper verbunden. Die alten Griechen zum Beispiel verstanden unter dem Begriff Schönheit eher ein universelles Gesamtkonzept. Das Wort Kosmetik leitet sich vom altgriechischen Wort »kosmos« ab, was, je nach Kontext, Welt, Weltall, Schönheit, Schmuck und Glanz, aber auch Ordnung bedeuten kann. Alles, was existiert, also alle Abbilder des Kosmos, der universalen Ordnung, gehörten für die alten Griechen zum Bereich des Schönen. Die Schönheit war fast immer mit anderen Eigenschaften als mit der reinen Ästhetik assoziiert. Auf die Frage, nach welchem Kriterium Schönheit zu bewerten sei, sagte das Orakel von Delphi der Legende nach: »Das Richtigste ist das Schönste.« Denn die Schönheit war bei den alten Griechen nicht nur mit sinnlich wahrnehmbaren Reizen verknüpft, sondern vor allem auch mit dem sogenannten Auge des Geistes zu erfassen, das die Seele und die charakterlichen Merkmale eines Menschen mit einschließt. Die körperliche

Schönheit hatte bei den alten Griechen kein Alleinstellungsmerk-
mal, keinen höheren Stellenwert als die Schönheit, die durch die
Künste, wie Malerei oder Musik, oder durch die Schönheit der
Natur zum Ausdruck kommt.

DIE RÖMER

Die Römer waren – sagen wir es mal, wie es ist – ein klein bisschen eklig, wenn es um ihre Schönheitspflege ging. Weil man ja
irgendwie immer das will, was man nicht hat, wollten die Männer
in Rom um 50 vor Christus also nicht mehr schwarze, sondern
blonde Haare haben. Pissgelb, um genauer zu sein. (Man ahnt
schon, welchen Bezug das »eklig« haben könnte). Weil die Römer also aussehen wollten wie die Germanen – die das damalige
Schönheitsideal verkörperten –, färbten sie sich ihre Haare mit
Urin und anderen ätzenden Flüssigkeiten.

Die Frauen in der Antike hatten möglichst schlank und anmutig
auszusehen, »weißer als Elfenbein« zu sein, während die Männer gut proportioniert und muskelgestählt daherkommen sollten.
Wie die Ägypter standen auch die Menschen in Rom auf enthaarte Körper. Mit einem Brei aus Zucker, Zitrone, Öl und Harz
riss man sich die vorhandenen Haare vom Leib. Weil weiß und
blond scheinbar wirklich sehr »in« waren (die Römer schienen
eine leichte Germanen-Fixierung gehabt zu haben), schmierten
sich die Frauen als Make-up eine Art Kreidegemisch ins Gesicht,
um ihre Haut möglichst hell aussehen zu lassen. Die dekorative
Kosmetik, also Lippenfarbe und Lidstriche, wurde in Rom aus
kleinen Pulverfässchen gemeinsam mit Öl und Speichel zu Pas-
ten verrührt. Übrigens: Die Schönheitschirurgie war auch den
Römern nicht fremd. So legte sich der ein oder andere bei Ent-

stellungen an Ohren, Lippen oder Nase unters Messer. Allerdings waren diese Eingriffe mit erheblichen Risiken verbunden ...

DAS MITTELALTER

Im Mittelalter war der schön, dessen Haut noch nicht von Pestbeulen überzogen war. Nun, ganz so extrem war es vielleicht auch wieder nicht, das Mittelalter reichte ja schließlich vom sechsten bis ins 15. Jahrhundert. »Putzsucht«, also das Bedürfnis, sich schön zu machen, war bei den Rittern, Mägden und Gauklern unter dem christlichen Einfluss allerdings verpönt. Trotzdem hatte man ziemlich genaue Vorstellungen von Schönheit: Der Bauch einer Frau durfte ruhig etwas mehr sein, während große Brüste ein absolutes No-Go waren. Ein großer Vorbau galt im Mittelalter nämlich als Zeichen für einen niedrigen Stand. Die Kleine-Brüste-Obsession ging sogar so weit, dass den Mädchen im mittelalterlichen Spanien ab dem sechsten Lebensjahr die Brüste abgeschnürt wurden. In Sachen »Ekelfaktor« stand man den Römern übrigens in nichts nach: Auch ein Gemisch aus Essig und Taubenmist sollte die weibliche Brust davon abhalten, zu üppig zu werden. Urgh! Allerdings: Hätten die Damen im Mittelalter gewusst, dass sich die Frauen der Zukunft einmal für viel Geld unters Messer legen würden, um genau den gegenteiligen Effekt zu erzielen, hätten sie uns womöglich auch für verrückt erklärt.

RENAISSANCE, BAROCK UND ROKOKO

In der Renaissance zupften sich die Frauen für das aktuelle Schönheitsideal sogar den Haaransatz aus. Ja, richtig gehört: den Haaransatz. Autsch. Denn in der Renaissance galt das »Kindchenschema« als besonders vorteilhaft. Große Augen, kleine Köpfe, hohe

Stirn und ähm, ja: ein Doppelkinn. Männer wie auch Frauen lie-
ßen sich die Haare lang wachsen und zu goldblonden Engelslöck-
chen aufdrehen. Die Haut galt schneeweiß als besonders schön,
die Augen sollten hingegen dunkelbraun sein. Die Renaissance
hat allerdings eines der berühmtesten Werke der Kunstgeschichte
hervorgebracht, das auch heute noch als ein Sinnbild für Schönheit gefeiert wird: Sandro Botticellis »Geburt der Venus«. Was im
Mittelalter noch »so not« war, wurde im Barock zu »oh, so hot«.
Wir alle kennen sie: die Bilder der berühmten Rubensfrauen. Fül-
lige und üppige Frauenkörper, die in ihrer ganzen Pracht gefeiert wurden. Ab Mitte des 17. Jahrhunderts mussten die Frauen
ihren Körper allerdings schon wieder in Korsetts zwingen, denn
eine »Sanduhr-Figur« war nun angesagt. Dieses Ideal hielt dann
zumindest einmal für drei Jahrhunderte – mit Ausnahme eines
einzigen Jahrzehnts im 19. Jahrhundert. Die Haut wurde unter
einer dicken Schicht weißen Puders versteckt und die Haare von
Männern und Frauen in gepuderten und parfümierten Perücken
zur Schau gestellt.

DER BIEDERMEIER

Um 1830 begann das Biedermeier-Zeitalter. Und dieses leitete
eine neue Ära ein. Denn im Bürgertum wurden Frauen zum al-
leinigen »schönen Geschlecht«. Während sich Frau in Korsetts
zu zwängen hatte und dabei möglichst schmale Ärmchen haben
musste, legten Männer Schminke und modische Kleidung ab
und liefen von nun an in Anzügen durch die Gegend. Die Botschaft war klar: Männer gehen arbeiten, Frauen sind ein schönes
Beiwerk. In den ausladenden Kleidern, die Frauen in dieser Zeit
tragen mussten, um als chic zu gelten, war an Arbeit irgendwie
auch nicht zu denken.

Die Schönheitsideale der letzten 100 Jahre

Das Gibson Girl (um 1900) war die von Illustrator Charles Gibson erschaffene Traumfrau.
Eine Mischung der »fragilen Lady« (schmale Attribute) und der »voluminösen Frau« (breite Hüften und ein großer Busen).

Um 1920 waren die kerzengeraden Flapper-Kleider der Trend schlechthin. Als das körperliche Idealbild galten schmale Hüften und ein kleiner Busen, alles sollte »petite« aussehen.

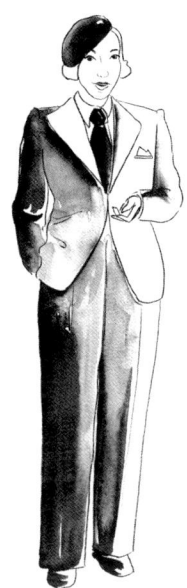

Soft Siren: Um 1930 kamen die Kurven zurück, wenn auch sanft. Die Soft Siren war eine Mischung zwischen Gibson Girl und Flapper.

The Star Spangled Girl: In den 1940er-Jahren, also während des Zweiten Weltkriegs, wird der ideale Frauenkörper breiter und kantiger. Die typische Kleidung in dieser Zeit führt zu einer größeren und quadratischeren Silhouette.

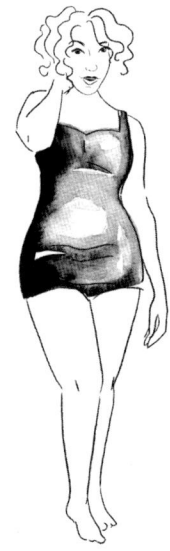

Um 1950 stehen alle Zeichen auf Hourglass: schmale Taille, breite Hüften und üppiger Busen. In dieser Zeit wird auch die Barbie-Puppe erfunden, der Playboy *gegründet, und Marilyn Monroe wird zum Supersexsymbol. Es ist Nachkriegszeit, und die Menschen streben nach Vergnügen und Wohlstand, um die Schrecken des Krieges zu vergessen.*

The Twig: In den 60ern sind Rundungen schon wieder out. Alles soll mädchenhaft und eher androgyn wirken. Der absolute Star dieser Zeit wird das britische Model Twiggy.

In den 70er-Jahren wird zu Diskomusik à la Abba getanzt. Frauen sollen schlank sein, einen flachen Bauch haben, aber bitte nicht zu viel Busen. Die Idealfrau der 70er-Jahre: Farah Fawcett. Unsere Idealfrau heißt hier allerdings Verena. Denn der Hippie-Disco-Look sieht auch an kurvigen Frauen umwerfend aus.

Sie sind groß, sie haben lange Beine, sie zeigen Muskeln: In den 80er-Jahren wird die Supermodel-Ära eingeleitet. Frauen wie Elle Macpherson oder Cindy Crawford werden zu Ikonen.

Der Supermodeltrend hält die 90er-Jahre über an, aber nun hört man Bands wie Nirvana, und der Grunge-Look wird zu einem der großen Trends. Ein blasser Teint und dunkle Augenringe sind plötzlich en vogue. Die Ikone dieser Zeit war übrigens die sehr schlanke Kate Moss. Verena zeigt hier den Heroin Chic in der Curvy-Version. Sieht mega aus, findet ihr nicht?

Vom »ungesunden« Heroin Chic zum braun gebrannten Californian Girl: In den 2000ern trägt man Bauchfrei, und alles ist ein bisschen mehr »girly«. Trainierte Beachgirls wie Britney Spears oder Giselle Bündchen sind die Gesichter der 2000er.

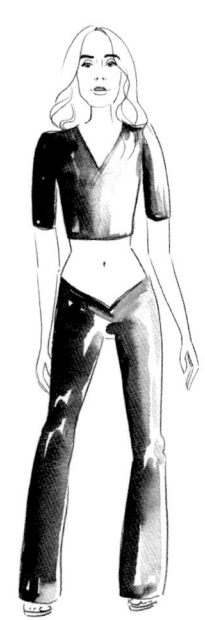

Heute: The Booty Babe ist von den Influencern der heutigen Zeit geprägt. Bei ausladenden Popos, schmalen Taillen und breiten Hüften denkt natürlich jeder sofort an den Kardashian-Clan.

»Bereits während unseres kleinen geschichtlichen Rückblicks haben wir die Schönheitsideale der Zeitgeschichte genauer unter die Lupe genommen. Wow. Mir war vorher gar nicht bewusst, wie sehr sich das Bild der ›perfekten Frau‹ oder des ›perfekten Mannes‹ immer wieder gewandelt hat. Und es ist spannend zu sehen, was Menschen über die Jahrhunderte alles auf sich genommen haben, um einem aktuellen Ideal zu entsprechen ...«

»Schmal, groß, kurvig, kleine Oberweite, blond oder möglichst haarfrei: Es ist ja schon fast zum Schmunzeln. Kaum wurde ein sogenanntes Schönheitsmerkmal als ›das neue Ding‹ präsentiert, hat es sich auch schon wieder geändert. Ich finde das, gerade im Hinblick darauf, dass so viele glauben, sie müssten ein ganz bestimmtes Aussehen besitzen, schon fast wieder befreiend. Denn wenn man sich die Zeitgeschichte ansieht, sieht man auch: Schönheitsideale können sich ganz schön schnell ändern!«

Gibt es die »eine Schönheit« überhaupt?

Als die Journalistin Esther Honig für ihr Projekt »Before & After« im Jahr 2014 ein Foto ihres ungeschminkten Gesichts an 23 Bild-Retoucher aus 23 verschiedenen Ländern verschickte, gab sie nur eine Anweisung: »Macht mich bitte schön.«

Herausgekommen sind – und das ist im Hinblick darauf, dass wir oft meinen, es gäbe ein bestimmtes Ideal von Schönheit, schon interessant – exakt 23 Esther-Versionen. Von der Form ihrer Augen über die Größe ihrer Nase bis hin zu Kopfbedeckungen und der Farbe ihrer Haut: »Esther in Schön« war 23-mal eine andere Esther. Und obwohl die Ergebnisse nicht unbedingt die Schönheitsideale der jeweiligen Länder repräsentierten, zeigten sie doch eines: Das subjektive Schönheitsempfinden der Menschen, die sich ihres Bildes angenommen hatten, wich stärker voneinander ab, als man gemeinhin glauben würde. Es war eben nicht 23-mal ein und dasselbe Gesicht, jenes, von dem wir glauben würden, es entspräche einem vorherrschenden Ideal, sondern das Ergebnis war weitaus mehr von Unterschiedlichkeiten als von Gemeinsamkeiten geprägt. In Hinblick auf die oben genannten »schönen Fakten« ist es also durchaus interessant, genauer zu beleuchten, wie sehr man diesen großen Begriff »Schönheit« eigentlich objektiv bewerten kann.

Eines vorweg: Obwohl die Frage danach, was schön ist, den Menschen durch alle Zeiten hinweg in der Philosophie, in der Kunst und eben auch in der Wissenschaft beschäftigt hat, gibt es darauf auch heute noch keine einheitliche Antwort. Was es schon gibt, sind Versuche. Versuche, sich der Schönheit philosophisch anzunähern, sie in Worten, Musik oder Gemälden festzuhalten oder zu umschreiben, aber auch, sie an wissenschaftlichen Paradigmen zu messen.

Ist Schönheit also doch alles, was man mit Liebe betrachtet? Das mag sich sehr romantisiert und idealistisch anhören, ist aber von einem philosophischen Standpunkt ziemlich folgerichtig. Denn der, der Schönheit aus seinem eigenen Empfinden heraus definieren will, gerät schnell in Erklärungsnot, wenn es darum geht zu erklären, anhand welcher Faktoren er etwas als schön bezeichnet. Wie will man etwas, das so stark von unserem subjektiven Empfinden abhängt, auf ein einfaches Muster herunterbrechen?

Wer die Farbe Rot liebt und sie als schön empfindet, der kann wahrscheinlich nicht aus dem Stegreif erklären, welche Prägung ihn dazu veranlasst hat, eben besonders auf die Farbe Rot zu stehen. Er findet Rot einfach schön und wird wahrscheinlich nicht verstehen können, warum die beste Freundin wiederum behauptet, die neuen roten Schuhe seien, die Farbe betreffend, potthässlich. Über Geschmack lässt sich bekanntlich nicht streiten. Über Schönheit demnach wohl auch nicht.

Trotzdem: Wem die Faktoren ständig von außen vorgegeben werden, so, wie es in der Mode beispielsweise geschieht, der weicht eventuell von seinem persönlichen Verständnis von Schönheit ab. Wenn dir 10, 100 oder 10.000 Leute wiederholt erzählen, dass nicht Rot, sondern Grün die schönste aller Farben sei oder dass Grün viel schöner sei als Rot, dann beginnst du vielleicht zu glauben, mit deinem Farbgeschmack sei irgendetwas nicht in Ordnung. Oder du fängst an – um wieder auf unsere Körperideale zurückzukommen –, eine Körperform, die du eigentlich ganz okay findest, in Zweifel zu ziehen, weil sie von außen als »nicht schön« oder nicht »schön genug« bewertet wird. Selbst wenn man die aktuelle Mode oder die zur Zeit vorherrschenden Ideale als Schönheits-Bewertungskriterien hinzuzieht, wird man schnell feststellen, dass sie – weil sie eben nur aktuell sind – nicht als ein für alle Zeiten geltendes Ideal zu verstehen sind. Ideale sind immer an Zeiten gebunden, und die Zeit unterliegt immer dem Wandel und ist eben nicht konstant.

Was wir in der Modeindustrie oder den Medien heute als in bzw. schön empfinden, ist morgen vielleicht schon wieder weg vom Fenster oder wurde durch ein neues Ideal ersetzt.

Aber kann man abseits der subjektiven Empfindung von Schönheit nicht doch irgendwie feststellen, welche schöne Esther die schönste der schönen Esthers ist?

Die Naturwissenschaft versucht, das Thema Schönheit greifbarer zu machen, indem sie sie auf bestimmte äußere Merkmale und Formen reduziert. Hierzu gab und gibt es immer wieder Versuchsreihen. Und die Ergebnisse sind – so wie die Schönheit wohl auch – unterschiedlich.

Ein Team aus Wissenschaftlern aus Kanada will zum Beispiel festgestellt haben, dass es so etwas wie die »goldenen Zahlen« der Schönheit gibt. Für diese Studie wurde Teilnehmern mehrmals ein und dasselbe Frauengesicht vorgelegt, und die Abstände zwischen Mund, den Augen und den Ohren wurden jeweils modifiziert. Alle Teilnehmer – Achtung, hier wird es mathematisch – werteten das Gesicht, bei dem der Abstand zwischen Augen und Mund genau 36 Prozent der Gesichtslänge ausmachte und in der Waagrechten zwischen den Augen genau 46 Prozent der Gesichtsbreite lagen, als besonders schön. Der ein oder andere mag jetzt nervös zum Lineal greifen, um seine Gesichtsabstände zu messen, darf das Ganze aber getrost wieder vergessen.

Die Tatsache, dass das Gesicht einer »Bilderbuchschönheit« wie Angelina Jolie weder senkrecht noch waagrecht die Abstände 36/46 besitzt, zeigt, wie relativ auch diese Ergebnisse in Bezug auf die eine, auf die wahre Schönheit sind. Angelina Jolie zumindest wird wohl kaum in Tränen ausbrechen, weil ihr Gesicht, rein wissenschaftlich betrachtet, wenig mit den goldenen Zahlen der Schönheit zu tun hat.

Diese Ergebnisse besagen, dass die Schönheit, die wir messen können, meistens einem Durchschnittswert entspricht. Häufig wurde festgestellt, dass das Durchschnittliche als schön bewertet wurde. Eine Erklärung hierfür ist, dass das Gehirn die vielen wahrgenommenen Gesichter filtert und sozusagen einen »Durchschnittswert« errechnet. Schön ist, wenn man sich die Computer-Dummies der schönsten Gesichter aus Testreihen einmal ansieht, meist ein absolutes »Normalo-Gesicht«.

Weitere Forschungsergebnisse wiederum sagen, dass Gesichter auch nicht allzu symmetrisch sein sollten und dass leichte Abweichungen – das, was uns einzigartig macht – als besonders interessant und somit auch schön wahrgenommen werden.

Cindy Crawfords Gesicht ist leicht asymmetrisch, ihr Muttermal und ihre Gesichtszüge faszinieren Menschen und haben sie zu einem der Supermodels der vergangenen 30 Jahre gemacht. Im körperlichen Bereich wird Schönheit also oft mit

Proportionen und Symmetrien gleichgesetzt. So gelten angeblich Frauenkörper, die einen Taillen-Huft-Quotienten von 0,7 haben, also eine schmale Taille und ein breiteres Becken, als besonders anziehend auf Männer – ungeachtet ihrer Körperfülle und ungeachtet der Herkunft der Männer. Dies deutet für Forscher auf eine Präferenz hin, die genetisch vorgegeben ist und dem Erhalt unserer Spezies dienen soll. Also: Breites Becken ist gleich Gebärfreudigkeit. Dass das rein biologisch natürlich Quatsch ist und auch Frauen mit schmalen Hüften Kinder bekommen, ist allseits bekannt.

Eine Testreihe mit eineiigen Zwillingen hat ergeben, dass Schönheit im Auge des Betrachters liegt. In einer Studie der Harvard University wurden 534 eineiige australische Zwillingspaare gleichen Geschlechts gebeten, ihnen gezeigte Gesichter mit Werten von 1 bis 7 einzustufen. Es stellte sich heraus, dass die Übereinstimmung viel geringer war als gedacht. Unser individuelles Empfinden von Schönheit ist demnach viel häufiger von unseren biografischen Einflüssen bestimmt als von unseren Genen. Zwar konnten die Wissenschaftler eine für sich stehende Präferenz beobachten, die zu Symmetrie und weichen Gesichtszügen neigt, wen wir aber dann im Einzelnen als attraktiver wahrnehmen, hängt ganz vom Individuum ab. Auch hier gibt es die Annahme, dass wir die Gesichter, deren Züge unseren ähnlich sind, als besonders attraktiv wahrnehmen. Es kann also sein, dass das schönste Supermodel vor uns sitzt, wir uns aber ganz und gar nicht in es verlieben könnten.

EXKURS
Andere Länder, andere Traumpopos
••

Wenn man einmal um den Globus reist und sich die Schönheitsideale in den jeweiligen Ländern ansieht, dann wird einem
noch einmal bewusst, dass das »Schönsein« keiner einheitlichen
Norm folgt. In vielen Teilen Afrikas gelten üppigere Rundungen
als schön und schon seit vielen Jahrhunderten als Symbol für
Reichtum, Kraft und Fruchtbarkeit. In manchen Ländern Afrikas, zum Beispiel in Mauretanien, gilt Fettleibigkeit als Ideal, und
schon kleine Mädchen werden gemästet, um möglichst dick zu
werden. (Wir heißen diese Praxis natürlich nicht gut, denn das
extreme »Mästen« von Menschen kann man als Folter bezeichnen.) In den USA legen sich im Durchschnitt viel mehr Frau-
en unters Messer als hier, während in Europa im Vergleich zwar
Schlankheit, aber immer noch eher »Natürlichkeit« angesagt ist.
In Südamerika dominieren Kurven die Ideale. Im Iran müssen die
Frauen einen Großteil ihres Körpers verhüllen und haben vielleicht deshalb so eine Obsession mit ihrem Gesicht. Wer im Iran
was auf sich hält, sagt man, der hat sich die Nase richten lassen.
Auch in Südkorea lassen sich überdurchschnittlich viele Frauen
operieren, um einem Ideal zu entsprechen, das sich sehr stark
nach Puppe anhört: große, runde Augen, schmales Gesicht, sehr
helle Haut, kleiner Po, große Brüste. Jede zweite Frau soll in Südkorea schon einmal beim Beauty-Doc gewesen sein. Und noch
eine andere Industrie setzt weltweit Milliarden von Dollars um:
Bleichmittel für die Haut. Whitening-Cremes sind besonders in
Ländern beliebt, in denen die Bewohner eben keine helle Haut
haben. Und viele bekannte Beauty-Konzerne betreiben besonders
in Asien und Afrika eigene Produktlinien. Was man da so erhält?

Gesichts-Whitener, Genital-Whitener sogar Babyöl mit Bleichmittel. In Indien sind Bleichcremes möglicherweise deshalb so beliebt, weil die hohen Kasten immer hellhäutig sein sollten. Der Adel ist bleich. Aber sowohl in Indien als auch in vielen anderen Ländern, in denen man kaum ein Produkt ohne Bleichanteil findet, kann man erkennen, dass es tendenziell ein weißes europäisches Schönheitsideal ist, das auch hier (leider) viel zu lange propagiert wurde.

Perfektsein ist kein Garant für Liebe

Perfektsein ist kein Garant für Liebe. Der Mensch ist ein komplexes Wesen, und so scheint auch unser Empfinden von Schönheit nicht unbedingt damit zusammenzuhängen, mit wem wir unser Leben verbringen möchten. So kann es sein, dass uns ein bestimmtes Gesicht an etwas erinnert, was einmal Wohlbefinden in uns ausgelöst hat. Aus der Hirnforschung weiß man, dass das Gehirn Schönheit in zwei Schritten wahrnimmt:

1. In der ersten Stufe sehen wir ein Objekt oder einen Menschen, und unser Gehirn stuft automatisch ein, ob wir es oder ihn als ästhetisch empfinden oder nicht. Und diese Kategorisierung läuft komplett unterbewusst ab. Wir selbst haben nicht den blassesten Schimmer, warum wir ein Wohlgefühl empfinden.

2. In der zweiten Stufe schaltet sich das Bewusstsein ein, und der Aha-Effekt tritt ein: »Wow, das gefällt mir. Das finde ich schön.« Erst dann beginnt unser Gehirn mit der Analyse, warum wir das Gesehene positiv finden.

Gäbe es nur eine Schönheit, gäbe es wohl keine 23 Esthers. Und gäbe es nur eine Schönheit, gäbe es wohl kaum unzählige Präferenzen, was Menschen als wohltuend, als schön empfinden. Dass zum Beispiel nur schlanke Frauen von Männern bevorzugt werden, ist, wenn man sich ansieht, wie viele Männer ganz gezielt nach fülligeren Frau suchen – und ja, hier darf man auch mal Pornos erwähnen –, eben auch ein Trugschluss, der durch ein Schönheitsideal vorgegeben wird, das wir als »normativ«, also gesellschaftlich geachtet, wahrnehmen, aber nichts mit den persönlichen Präferenzen (siehe »Studie Zwillinge«) zu tun haben muss.

Auch in der Natur zeigt sich, dass das Empfinden von Schönheit etwas mit Einzigartigkeit zu tun hat. Keine Schneeflocke ist gleich, sie unterscheiden sich alle in Form und Größe. Vielleicht können wir uns unsere Schönheit auch so vorstellen: Unsere Form ist der erste Eindruck, der von außen je nach Präferenz unterschiedlich wahrgenommen wird. Aber das, was wir sind, ist eben so viel mehr und ergibt sich erst im Gesamtbild. Keiner ist wie der andere. Und unsere Schönheit kann sich eben erst in unserem ganzen Wesen entfalten.

Unser Selbstbewusstsein beginnt mit unserem Körper

Ein positives Selbstbild zu besitzen bedeutet, überwiegend gut über sich selbst zu denken und sich somit auch überwiegend gut mit sich selbst zu fühlen. Und wer sich gut mit sich selbst fühlt – und das kann sich auf die unterschiedlichsten Arten zeigen –, der besitzt auch Selbstvertrauen und ein Gefühl von

Selbstwert. Was ist es, dieses Vertrauen in sich selbst? Es ist das Wissen, dass da etwas in uns ist, das uns nicht im Stich lässt, das uns durch alle Höhen und Tiefen des Lebens begleitet. Das Wissen, dass wir uns auf uns selbst verlassen können, dass es da einen Teil in uns gibt, der uns immer wieder auffängt und uns liebevoll an dem Punkt abholt, an dem wir gerade stehen.

Es ist das Wissen, dass wir wertvolle Wesen sind. Unabhängig von unserer Kleidergröße und unabhängig davon, wie wir von außen bewertet werden. Es ist ein Gefühl, dass wir es verdient haben, liebenswert zu sein – etwas, das uns in Fleisch und Blut übergegangen ist.

Mit diesem Wissen können uns die Meinungen der anderen vielleicht immer noch verletzen, wir können manches davon vielleicht auch annehmen und reflektieren, aber das Negative, was andere über uns sagen und denken, wirkt sich auf unser Seelenleben höchstens noch wie ein etwas zu kalter Windzug und nicht mehr wie ein alles durcheinanderwirbelnder Tornado aus. Das Gefühl von Selbstwert wirkt wie ein Schutzanzug, der nicht zulässt, dass man uns in unseren Grundfesten erschüttern kann.

Wer sich als einen Menschen mit einem geringen Selbstwertgefühl wahrnimmt, dem sei gesagt: Keiner von uns wird als sein eigener größter Kritiker geboren. Und keiner wird als der größte Kritiker seines eigenen Körpers geboren. Im Gegenteil. Unseren Körper kritisch zu betrachten, eine Stimme in uns zu hören, die uns sagt, dass etwas mit ihm nicht stimmt, ist nichts, was uns mit in die Wiege gelegt wurde. Im Gegenteil. Wir werden geboren, und unser Körper ist unser wichtigstes Lerninstrument. Damit wir uns überhaupt entwickeln können, damit wir herausfinden können, wer wir sind, was wir schon oder noch nicht können und welche Möglichkeiten uns noch offenstehen, ist unser Körper ein unabdingbarer Begleiter.

Unser Körper ist also seit Beginn unseres Lebens von immenser Bedeutung. Deswegen käme es einem Kleinkind wohl kaum in den Sinn, ihn von sich aus als etwas »Schlechtes« wahrzunehmen. Uns selbst abzulehnen ist also etwas, was wir erlernt haben. Und das ist erst einmal eine gute Nachricht. Denn was wir erlernt haben, können wir auch wieder »verlernen«. Wir können das, was wir über uns und unseren Körper denken, was wir vielleicht schon viele Jahre mit uns herumtragen, verändern. Wir können Selbstakzeptanz wieder erlernen, wir können uns sozusagen »rück-erinnern«, dass uns unser Körper seit Beginn unseres Lebens ein wunderbarer Begleiter war – und es bis heute immer noch ist. Um aber zu verstehen, wie viel unser Körper mit der Entwicklung unseres Selbstbildes und letztlich unseres Selbstwertgefühls zu tun hat, lohnt es sich, einen Blick auf diese Entwicklung zu werfen.

Du bist perfekt zur Welt gekommen

Wenn du verstehst, wann sich dein (negatives) Selbstbild zu entwickeln begonnen hat – und wie es dazu kam –, kannst du genau an diesen Punkten ansetzen. Du kannst dir wieder selbst ein Freund werden, der dich in deiner Unterschiedlichkeit stärkt, dir Gutes zukommen lässt und dich so akzeptiert, wie du bist.

Stellen wir uns folgendes Bild vor: ein Krankenhauszimmer, ein Baby ist gerade zur Welt gekommen. Seine Mutter hält es überglücklich im Arm und kann ihre überschäumenden Gefühle kaum in Worte fassen. Alles an ihrem Kind ist perfekt. Einfach, weil es jetzt da ist. Es gibt nichts, aber auch gar nichts, was sie an ihm ändern wollen würde. Wir alle sind uns einig: Dieses Bild ist ein schönes Bild. Dieses Baby, egal, wo auf dieser Welt es geboren wurde, hat es verdient, geliebt, gepflegt, umsorgt und beschützt zu werden. Und wir sind uns ebenfalls einig, dass es dieses Baby verdient hat, genauso geliebt, gepflegt, umsorgt und beschützt zu werden wie jedes andere Baby auch. Keiner würde sich (hoffentlich) hinstellen und diesem unschuldigen Wesen aus irgendeinem Grund etwas von seinem Wert absprechen. Und wir würden den Teufel tun, uns neben diese Mutter zu stellen und zu sagen: »Dein Baby mag ja ganz nett sein, es ist aber leider hässlicher als das aus dem Nachbarzimmer. Also, mal ehrlich, das Nachbarzimmer-Baby ist 'ne echte Schönheit und hat etwas mehr Aufmerksamkeit und Liebe verdient als deines.«

Wie kämen wir dazu, so etwas Verletzendes zu sagen? Wir sind doch nicht menschenverachtend. Und doch vergessen wir oft, dass wir alle einmal dieses Baby waren. Dass wir alle mit dem Wert, den dieses Baby besitzt, auf die Welt gekommen sind. Und dass sich an diesem Wert bis heute nichts geändert hat. Was sich verändert hat, ist das Bild, das wir von uns haben. Wir haben unseren Wert von anderen Dingen abhängig gemacht. Unser Gefühl von Selbstwert wurde irgendwann getrübt.

Es gibt Forschungen, die besagen, dass gerade im Bewusstsein über den eigenen Körper die Wurzel für ein gut entwickeltes Selbstwertgefühl sitzt. Natürlich gibt es im Lauf unseres Heranwachsens zahlreiche Erfahrungen sowie familiäre, kulturelle und gesellschaftliche Einflüsse und Konditionierungen, die unser Selbstbild prägen. Doch unsere Entwicklung beginnt mit unserem Körper. Wenn wir uns vor Augen führen, wie natürlich kleine Kinder mit sich und ihrem Körper umgehen, kommt uns kaum in den Sinn, dass sie sich für sich oder ihr Äußeres schämen sollten. Das tun sie im Normalfall auch nicht. Babys fragen sich nicht, ob mit ihnen etwas nicht stimmt. Sie sind das Zentrum ihres eigenen Universums, und sie haben kein Problem damit, nach den Dingen zu verlangen, die sie brauchen, um sich wohlzufühlen. Und: Sie erfahren sich gerade in den ersten Lebensjahren vor allem über ihren Körper. Sowohl positive als auch negative Körpererfahrungen haben bereits bei Säuglingen einen Einfluss auf die Entwicklung ihres Selbstbildes. Kleine Kinder greifen, sie erspüren, sie robben und rollen durch die Gegend, sie erfühlen Kälte oder Wärme, sie spielen im Schlamm und genießen es, ihre Sinne auszutesten. Sie fühlen anhand von Körperreaktionen, wann sie kuscheln wollen und wann es ihnen lieber ist, auf Distanz zu gehen. Sie untersuchen ihre Hände und Füße und den Rest ihres Körpers mit größter Unbedarftheit. Einem Kleinkind käme es nach dem Erkunden seiner Beine wohl kaum in den Sinn, zu seiner Mutter zu rennen und zu sagen: »Mama, meine Oberschenkel sind zu dick.« Dieser innere Kritiker ist in der Regel nicht existent. Noch nicht.

Dein Selbstbild formt sich in den ersten Lebensjahren

Die ersten Jahre sind eine sensible Zeit. Denn ein Kind ist in dieser Lebensphase sehr empfänglich für alles, was es von außen gespiegelt bekommt, und bezieht viele der Reaktionen seines Umfelds auf sich. Kinder nehmen die Meinungen der anderen oft an, sie beziehen Bemerkungen und Kommentare auf sich. Das erste Selbstbild ist also im Grunde genommen auch ein Fremdbild.

Auch wie wir unseren Körper wahrnehmen und bewerten, wird in dieser Zeit stark von unserer Umwelt mit geprägt. Werden dem Kind in seiner Entwicklung Impulse geboten, sich und seinen Körper auszuprobieren, wird es diese nur allzu gern annehmen. Wird ihm liebevoll geholfen und somit Sicherheit gegeben, wenn es diese für das Erfahren seiner Grenzen benötigt, wird sich das Kind an immer neue Herausforderungen wagen. Es entwickelt – von außen angeleitet – durch seine körperlichen Erfahrungen ein Vertrauen in sich selbst.

Ein kleines Mädchen, das seiner Mutter – von sich selbst beeindruckt – zeigt, dass es jetzt schon auf einem Bein stehen kann, wird sich ermutigt fühlen, wenn seine Mutter auf die Eigenmotivation mit einem »Wow, toll, dass du das geschafft hast« reagiert. Motivation führt dazu, dass Kinder zum Beispiel einen Bewegungsablauf schneller erlernen. Jeder, der schon mal ein kleines Kind beim Üben einer Bewegung beobachtet hat, kennt das: Immer wieder und mit großem Einsatz werden Bewegungsabfolgen trainiert. Sie wollen etwas unbedingt schaffen, und auch der tausendste Versuch kann sie nicht davon abhalten, es noch einmal zu probieren. Kinder »dressieren« sich sozusagen von ganz allein – und zwar nur für sich selbst. So wollen sie zum Beispiel bei einem bestimmten Spiel mitspielen können, also fühlen sie sich motiviert, körperlich zu erlernen, was es zu diesem Spiel bedarf – und lernen durch diese Motivation noch schneller. Kinder haben einen natürlichen Drang, sich auszuprobieren. Ihre Belohnung liegt in der körperlichen Anstrengung und in den daraus resultierenden Lernerfolgen.

Was passiert nun aber, wenn dem Kind von außen, zum Beispiel durch immer wiederkehrende negative, abwertende oder Angst machende Kommentare, gespiegelt wird, dass daran, was es ganz natürlich versucht zu sein, nämlich ein sich durch neue Erfahrungen begreifender heranwachsender Mensch, irgendetwas falsch ist? Richtig, es wird wahrscheinlich verunsichert und immer gehemmter werden. Das soll natürlich nicht bedeuten, dass bestimmte Kommentare nicht gut gemeint sind, und es bedeutet auch nicht, dass man ein Kind nicht auf Schwierigkeiten aufmerksam machen sollte, wenn man bemerkt, dass es sich bei diesem Ausprobieren in Gefahr begeben könnte. Aber zwischen »Lass das. Du fällst gleich hin und wirst dir wehtun« und »Oh, hier wird es jetzt aber rutschig, da muss du gut aufpassen beim Rennen« liegt ein Unterschied. Der erste Kommentar basiert auf Angst, beschwört etwas herauf und lässt das Kind glauben, dass seine Möglichkeiten eingeschränkt sind. Der zweite Kommentar ist ein Helfer, ein wachsamer Unterstützer, der dem Kind zutraut, sich trotz der Schwierigkeiten an seine Grenzen heranzutasten. Es mag wie ein lapidares Beispiel klingen, aber hier kommt bereits der innere Kritiker mit verunsichernden Aussagen ins Spiel.

»Ich darf mich nicht trauen, denn ich werde hinfallen. Ich werde mir wehtun. Also sollte ich es lassen«, könnten mögliche Glaubenssätze sein, die ein Kind daraufhin entwickelt. Es wird im Vertrauen in sich selbst verunsichert. Wenn das Kind seine körperlichen Möglichkeiten hingegen testen kann, kann es sehr wohl sein, dass es hinfällt und ausrutscht. Es wird sich vielleicht auch wehtun und eine Schramme am Knie erleiden, aber es hat zum einen im besten Fall einen verlässlichen Helfer an seiner Seite, der es tröstet, verarztet und ihm Aufmerksamkeit schenkt,

zum anderen hat es eine der wichtigsten Lebens- und Lerner-
fahrung gemacht: »Ich kann mich ausprobieren, und dabei falle
ich vielleicht hin, und das tut weh. Aber ich kann auch wieder
aufstehen. Ich kann es noch einmal versuchen.« Unser Körper
ist also unser erster Lehrmeister.

Manchmal – und das lässt sich nicht vermeiden – werden
Kinder von anderen Kindern oder von Erwachsenen mit Bewertungen konfrontiert, die ihre körperliche Erscheinungsform und ihre körperliche Leistung betreffen: »Die Laura ist
zu dick, die wird nicht in unser Team gewählt. Der Ben kann
den Ball nicht richtig fangen. Mann, die Clara ist immer viel
zu langsam.« Jeder von uns hatte schon einmal einen Lehrer,
der uns mit Härte und Unverständnis begegnet ist, anstatt uns
das Gefühl zu geben, dass wir alles im Bereich des Möglichen
erreichen können.

Diese kritischen Stimmen und die Botschaft, die sich daraus ergibt, können irgendwann zu unserem eigenen Kritiker
werden. Man weiß aus der Entwicklungspsychologie, dass
wiederkehrende bremsende, aber auch verletzende Kommentare dazu führen können, dass Kinder Ängste entwickeln
und sich im Verlauf dieser Ängstlichkeit neuen Erfahrungen
und Anforderungen in Bezug auf ihre (körperliche) Leistung
verschließen und ihnen letztlich aus dem Weg zu gehen versuchen. Wird dem nicht gegengesteuert, wird das Kind jetzt
nicht liebevoll an die Hand genommen, wird ihm jetzt nicht
gezeigt, dass es sich weiterhin ausprobieren darf, ohne sich
mit bestimmten Leistungsansprüchen zu überfordern, kann
es bereits hier dazu kommen, dass es seinen Körper mit einem
negativen Bild von sich selbst in Verbindung bringt ...

Wir sind keine Ballettmädchen!

Eine unserer ersten Erfahrungen mit »Body-Shaming« hatten wir beide tatsächlich im Ballett. Das Ballett ist ja so ein Klassiker unter den Kleinmädchenträumen. Zumindest in unserer Kindheit war es noch so, dass Mädchen ganz klassisch in den Ballettunterricht wollten, Jungs hingegen zu Hobbys wie Fußballspielen oder Judo tendierten. Eigentlich soll das Erlernen eines Tanzes für ein Kind ja Spaß machen. Nun ist gerade das Ballett aber natürlich auch eine Tanzart, bei der es viel um körperliche Leistung geht – und um Schönheit, um Perfektion. Nicht nur im Tanz selbst, sondern auch in Form eines schlanken, grazilen Körpers. Wer diesem »Perfektionsanspruch« nicht gerecht wird, kann schnell das Gefühl bekommen, nicht dazuzugehören ...

»Bei mir war es so, dass ich tatsächlich gar nicht von außen kritisiert wurde, sondern mich im Vergleich mit den anderen Kindern in der Ballettklasse immer zu dick gefühlt habe. Ich war zu diesem Zeitpunkt eigentlich ein normalgewichtiges Kind, ein wenig pummelig vielleicht. Ich kam mir neben den anderen wie ein Trampeltier vor. Ich dachte immer: ›Ich bekomme das einfach nicht so grazil wie die anderen hin.‹ Da habe ich mich das erste Mal in meinem Körper nicht wohlgefühlt, obwohl ich ja wirklich noch ein kleines Kind war. Der Druck, die Bewegungen genauso fein ausgeführt hinzubekommen wie die anderen, genauso groß oder schlank und gazellenhaft wie die anderen zu wirken, es aber einfach nicht zu sein, hat mir das Gefühl gegeben, falsch zu sein, so, wie ich war. Klar, wir orientieren uns als Kinder sehr stark an unserer Umgebung. Auf einmal war Leistung gefordert, auf einmal wurde das Augenmerk auf ›Schönheit‹ gelegt. Ich habe das Ballett dann aufgegeben, weil mir der Druck den Spaß an der Sache genommen hat.«

• • • • • • •

»Ich wollte unbedingt ins Ballett. Die rosa Tütüs und weißen Strumpfhosen sahen ja auch toll aus. Meine ersten Stunden verliefen eigentlich auch ganz gut. Bis dann eines Tages der Spagat auf dem Lehrplan stand. Egal, wie sehr ich mich bemühte: Ich konnte es einfach nicht. Ich war einfach nicht so gelenkig wie die anderen Mädchen. Ich war zwar schlank, aber immer sehr groß und hatte immer einen kräftigen Körperbau. Die Ballettlehrerin hat mich dann dazu gedrängt, einen Spagat zu machen, und ich habe fürchterlich geweint. Ich konnte es eben nicht. Ich weiß noch, dass  sie sauer wurde und irgendetwas gesagt hat, das mir ein wirklich schlechtes Gefühl gegeben hat. Nach dieser Stunde ist die Ballettlehrerin zu meiner Mutter gegangen und hat ihr ans Herz gelegt, dass sie mich aus dem Ballettunterricht nehmen soll – ich sei der berühmte Elefant im Porzellanladen. Meine Mutter war traurig über die Umgangsweise der Lehrerin, ich habe geweint und fühlte mich wirklich schrecklich. Der Rosa-Mädchentraum von Ballett war für mich ab diesem Zeitpunkt geplatzt.«

Aus der heutigen erwachsenen Perspektive stellt sich das Ganze natürlich abgemildert dar. Nicht jedes Mädchen ist ein Ballettmädchen, sondern es findet sein Glück beim Reiten oder Boxen. Und manch ein Junge tanzt vielleicht lieber Ballett, als auf dem Fußballplatz zu stehen. Wir konnten andere Bereiche finden, in denen wir uns ausprobieren und Erfolge erzielen konnten – so, wie Verena es zum Beispiel später in der Leichtathletik getan hat.

Trotzdem: Vielleicht machen gerade deshalb viele Mädchen schlechte Erfahrungen im Ballett, weil hier eben auf zwei Bereiche geachtet wird, mit denen wir in unserer Gesellschaft auch später immer wieder konfrontiert werden: Leistungsdenken auf der einen und Schönheit auf der anderen Seite. Eine Balletttänzerin muss sehr schlank sein, zumindest kennt man das so. Sie muss viel Schweiß und eiserne Disziplin aufbringen, viele Tränen vergießen, bis sich alles zu dem perfekten Bild vereint, das wir später auf der Theaterbühne sehen. Es ist ein immenser Druck, mit dem sich ein Balletttänzer während der gesamten Karriere konfrontiert sieht.

Wir sind keine Balletttänzerinnen geworden – und das ist okay so. Obwohl das Ballett ein Mikrokosmos für sich ist, sind die Gefühle, die diese Erfahrungen in uns ausgelöst haben, trotzdem wichtig, denn sie verdeutlichen etwas, über das wir gern sprechen möchten: Das Gefühl, nicht okay zu sein, so, wie man ist. Der Druck, den wir uns selbst machen und der von unserem Umfeld auf uns einwirkt. Und: Wie man sich von diesen Gefühl allmählich lösen kann und es durch ein gesundes, liebevolles Verhältnis zu sich selbst ersetzt. #selbstbewusstistdasneuesexy

Von Rollenklischees, Influencern und Body-Positivity

Was hat das alles mit Selbstbewusstsein zu tun? Wer über (körperliche) Selbstakzeptanz und Selbstbewusstsein spricht und es auch anderen näherbringen möchte, kann unserer Meinung nach nicht nur mit »Positive Thinking«-Messages um die Ecke kommen. Dazu – so glauben wir – ist das Thema einfach zu komplex und verdient eine bewusstere Auseinandersetzung. Deshalb wird es in diesem Kapitel an manchen Stellen auch ein wenig wissenschaftlicher und theoretischer. Warum?

Weil wir glauben, dass man, um zu verstehen, warum so viele von uns oft so hart mit sich ins Gericht gehen, einem bestimmten Bild entsprechen wollen und sich bestimmte Dinge nicht zutrauen, ein wenig genauer hinsehen muss und es hilfreich ist, Zusammenhänge zu ergründen. Wir stellen uns sozusagen die Frage nach den Ursprüngen des Ganzen, wollen zum Nachdenken anregen, auch wenn wir nicht die einzig richtige Antwort liefern können. Wir glauben, dass es wichtig ist, das Spektrum der positiven (und auch wichtigen) Botschaften um ein wenig Ursachenforschung zu erweitern und zu beleuchten, warum in der heutigen Zeit so viele von uns mit Selbstwertproblemen zu kämpfen haben, die oftmals – aber nicht nur – mit unserem körperlichen Erscheinungsbild zu tun haben. Deshalb wollen wir auch ein wenig auf die Erwartungen an die Geschlechter und die Rollenbilder eingehen, mit denen wir oft schon sehr früh konfrontiert werden, um uns dann mit dem Einfluss der Medien, vor allem auch der sozialen Medien zu beschäftigen, von denen wir ja auch ein aktiver Teil sind.

Uns ist es wichtig, das Ganze so ehrlich wie möglich, also auch kritisch zu beleuchten und die positiven, aber auch problematischeren Einflüsse der (sozialen) Medien zu benennen. Wir wollen außerdem der Frage nachgehen, was Body-Shaming eigentlich ist und wo es anfängt, was die Body-Positive-Bewegung will und bereits erreicht hat und wo es noch »Luft nach oben« gibt.

Die Einflüsse, warum wir uns oftmals so unter Druck gesetzt fühlen, sind vielfältig und auch komplex, und jeder von uns wird auch weiterhin täglich mit diesen Einflüssen konfrontiert werden – auch wenn wir uns dazu entschließen, uns selbst akzeptieren zu lernen. Wir denken, dass es sinnvoll ist, den Gesamtzusammenhang ein wenig besser zu verstehen, weil der Weg zu einem stärkeren Selbstbewusstsein und der »Selbstakzeptanz beyond Size« im Dickicht der unzähligen Möglichkeiten damit auch lichter wird – und hoffentlich auch leichter zu begehen ist.

Was Geschlechterrollen mit unserem Selbstbewusstsein machen

Mädchen sind so lieb, Jungs sind so wild. Mädchen tanzen Ballett. Jungs spielen Fußball, mit Actionfiguren oder am Computer, Mädchen gern mit Barbies. Mädchen tragen Rosa. Und

Jungs Blau. Mädchen sind geduldig, sozial und schön anzusehen. Jungs sind stark, raufen sich gern und sind Führerpersön-
lichkeiten. Mädchen tragen auch Hosen, okay. Aber Jungs – um
Gottes willen – Jungs tragen keine Kleider. Mädchen dürfen
oder sollen sich schminken. Ein Junge, der sich schminkt, ist
zu weiblich oder schwul. »Schwul« ist leider immer noch ein
Schimpfwort. Mädchen haben oft lange Haare. Jungs immer
noch eher ausnahmsweise. Männer packen an. Und Frauen
lassen sich gern helfen. Männer sind Memmen, wenn sie weinen. Frauen sind Zicken, wenn sie ihren Widerstand zeigen.
Männer ziehen mit ihren Freunden um die Häuser und trinken gern Bier. Frauen gehen gern und viel shoppen. Was jetzt
nach sehr alten Rollenbildern und Klischees klingen mag, ist
in unserer Gesellschaft immer noch stärker verankert, als man
glauben würde.

Obwohl heute mehr Frauen als Männer unsere Universitäten
mit Abschlüssen verlassen, in der Wirtschaft, Forschung und in
vielen anderen Bereichen erfolgreich sind, sowohl weibliche als
auch männliche Rollenbilder kritisch im Diskurs stehen und
viele Female-Empowerment-Bewegungen in den vergangenen
Jahren zunehmend an Einfluss gewannen, wirken viele Rollenbilder in unserer Gesellschaft immer noch ganz natürlich. Jede
dieser Beschreibungen könnte einen Einfluss auf unser Selbstbild nehmen und letztlich darauf, wie wir uns als Menschen
wahrnehmen. Bildungsforscher glauben, dass die Entwicklung
von jungen Menschen stark mit den Erwartungen ihres Umfelds zusammenhängt und deutlich weniger mit den tatsächlichen Voraussetzungen, die Mädchen und Jungen von Geburt
an mitbringen. Soll heißen: Was man uns von Kindesbeinen
an in Bezug auf unser Geschlecht beibringt, was man uns zum

Beispiel zutraut und was nicht, bestimmt häufig, was wir von uns selbst glauben und uns selbst zutrauen.

Warum Stereotype eine selbsterfüllende Prophezeiung sein können

Diese Frage geht an alle weiblichen Leser: Glaubst du, dass du schlau bist? Wie sieht es mit deiner technischen Begabung aus? Glaubst du, dass du das, was du tust, genauso gut kannst wie Männer? Wie oft hast du dich getraut, für dich einzustehen, wenn es um Gehaltsverhandlungen ging? Glaubst du, du hast genauso viel Geschäftssinn wie ein Mann? Glaubst du an deine eigene Größe? Hast du dich für diesen anspruchsvollen Job, den du letztens gesehen hast, beworben, oder hast du dich nicht getraut?

Warum wir diese Fragen stellen? Weil Frauen nachweislich weniger an sich glauben als Männer.

Weil Frauen oft die

KÖNIGINNEN

in »Es-allen-recht-machen-Wollen« sind. Und weil die Glaubenssätze, die dafür verantwortlich sind, oft schon in ganz jungen Jahren entstehen.

Wie tief die Konditionierungen über ihren Selb
Können gerade bei Frauen womöglich sitzen – z
diejenigen, die häufiger Universitäten mit Absc
sen –, zeigt dieses Beispiel: Der Forscher Claude Stele nieß
männliche und weibliche Studierende an einem Mathetest teil-
nehmen. Einer Hälfte der Gruppe wurde nun mitgeteilt, dass es
in der Regel starke Ergebnisunterschiede bei den Geschlechtern
gäbe. Wozu das führte? Die Frauen dieser Gruppe schnitten nun
deutlich schlechter ab als die Männer, während es in der anderen Gruppe keinerlei signifikante Unterschiede gab. Man muss
sich das noch einmal vor Augen führen: Allein die Erinnerung
an die eigene Weiblichkeit führte bei diesen Frauen dazu, dass
sie schlechter in Mathe waren. Dies nennt man in der Fach-
sprache den »Stereotype Threat«. Die Angst einer bestimmten
sozialen Gruppe, dass sich ein negativer Stereotyp über sie be-
wahrheiten könnte, was wiederum zu einer selbsterfüllenden
Prophezeiung führen kann. Das, was wir einer sozialen Gruppe
zusprechen, was wir als typisch für diese Gruppe betrachten, be-
einflusst unsere Selbstwahrnehmung immens. Viele Mädchen
und Jungs werden immer noch von klein auf mehr oder minder
bewusst mit Klischees überhäuft, die mit hoher Wahrscheinlich-
keit etwas mit ihrem Selbstbewusstsein anstellen.

Eine andere Studie zeigte, dass sich Frauen mit den Begriffen
»Genie« oder »Brillanz«, also der Annahme, dass ein Mensch
sehr hohe intellektuelle Fähigkeiten besitzt, weniger identifizieren und diese Begriffe selbst eher Männern zusprechen.
Eine Studie rund um den Forscher Lin Bian von der University of Illinois zeigte, dass bereits sechsjährige Mädchen beginnen, die Zuschreibung »sehr, sehr schlau« eher als männliche
Eigenschaft wahrzunehmen. Den Kindern im Alter zwischen

fünf und sieben Jahren wurden Geschichten erzählt, in denen eine der Figuren »besonders schlau« ist. Anschließend wurden den Kindern Fotos von Männern und Frauen gezeigt. Sie sollten nun erraten, wer diese schlaue Person sein könnte. Während Fünfjährige bei diesem Test noch keine Unterschiede zwischen den intellektuellen Fähigkeiten der Geschlechter sahen bzw. tendenziell einen Menschen ihres eigenen Geschlechts wählten, veränderte sich das Verhalten bei sechsjährigen Mädchen plötzlich. Sie begannen nun deutlich häufiger, Männer als besonders clevere Personen auszusuchen. Danach wurden den Kindern Spiele vorgestellt, für die man besonders schlau sein muss. Mit gleichem Ergebnis: Die fünfjährigen Kinder interessierten sich noch alle gleichermaßen für die Spiele. Mädchen ab sechs Jahren – das klassische Grundschulalter – begannen, all jene Aktivitäten zu vermeiden, für die man – so sagte man ihnen – brillant sein muss. Jene Spiele, in denen man fleißig sein sollte, fanden die Mädchen aber immer noch interessant. Diese Ergebnisse legten für die Forscher nahe, dass geschlechtstypische Zuschreibungen einen starken Einfluss darauf haben könnten, für was sich die jeweiligen Geschlechter »angeblich« interessieren oder was sie sich aufgrund ihres Geschlechts zutrauen. Und das könnte wiederum ein Grund dafür sein, warum Frauen in Berufen, denen man besonders hohe intellektuelle Leistungen zuspricht, wie der Technik, der Physik oder der Philosophie, immer noch unterrepräsentiert sind.

Denkt man einmal daran, wie viele Wissenschaftlerinnen als Vorbilder für Mädchen und Jungs präsentiert werden, ist die Liste recht kurz. In Literatur und Medien werden überproportional häufig Männer als »brillante Gehirne« dargestellt.

Mal ehrlich: Wer denkt bei dem Wörtern »Genie« und »Wissenschaft« nicht eher an Einstein oder Stephen Hawking als an Marie Curie? Jetzt mag manch einer beim Lesen denken: »Männer und Frauen verhalten sich doch aber auch sehr unterschiedlich und haben unterschiedliche Qualitäten. Wäre dem nicht so, hätte ich wahrscheinlich weniger Krach mit meinem Partner und würde ihn besser verstehen. Wie heißt es so schön: Frauen kommen von der Venus, Männer vom Mars. Was soll die ganze Gleichmacherei?« Natürlich gibt es Unterschiede zwischen Mann und Frau, und jeder sollte für sich selbst entscheiden dürfen, was er als weiblich oder männlich definiert. Aber »typisch weiblich« und »typisch männlich« zu hinterfragen, gerade auch in Hinblick auf unser Selbstwertgefühl, macht durchaus Sinn, gerade weil viele Menschen unter den geschlechtsspezifischen Anforderungen leiden, die ihnen gesellschaftlich auferlegt werden.

Was ist typisch weiblich? Und was typisch männlich?

Wir alle tragen Eigenschaften in uns, die als weiblich oder männlich eingeordnet werden könn(t)en. Der typische Mann gilt zum Beispiel als (durchsetzungs-)stark, ist weniger emotional, aber dafür ehrgeizig. Die typische Frau hingegen ist angeblich sozialer, intuitiver, weicher und gefühlvoller als ein Mann. Wie viele von diesen Zuordnungen »angeboren« sind oder sozial erlernt, wird auch in der Wissenschaft heiß diskutiert. Fakt ist, dass ein und dasselbe Verhalten je nach Geschlecht oft komplett unterschiedlich interpretiert und bewertet wird. Wir alle kennen das: Über einen Mann, der jede Woche eine andere Frau abschleppt, raunt man sich zu, er sei ein Womanizer oder Draufgänger. Und das wird durchaus auch positiv oder anerkennend gesagt. Eine Frau, die das gleiche Verhalten an den Tag legt, wird hinter vorgehaltener Hand schnell zur Schlampe. Eine Frau, die ihre Anliegen lautstark auf den Tisch bringt, ist schnell hysterisch. Ein Mann hingegen, der auf seinen Standpunkt beharrt, gilt als durchsetzungsstark. Aber klar – nicht nur Frauen leiden unter den Folgen dieser Zuordnungen.

Eine gefühlvolle Frau wird meist als sensibel bezeichnet, während ein Mann gleich als wenig belastbar gilt. Während Frauen das Recht auf »viel Gefühl« zugesprochen wird, werden Männer immer noch häufig in die Rolle des »starken Geschlechts« gedrängt. Sie gelten als unabhängiger, dominanter und selbstbewusster.

Männer sind aber zum Beispiel de facto genauso häufig wie Frauen von psychischen Erkrankungen betroffen, reden nur weniger über diese Probleme, weil der »schwache Mann« immer noch ein Tabu darstellt. Ein seelisch und körperlich schwächendes Gefühle wie Traurigkeit wird der sozialen Rolle »Mann« viel weniger erlaubt. Aussagen wie »Ein Indianer kennt keinen Schmerz« und Ähnliches bekommt ein weinender Junge, der sich beim Spielen verletzt hat, weitaus häufiger zu hören als ein Mädchen. Weil »der starke männliche Held« immer noch als Idealbild für Jungen transportiert wird, kanalisieren Männer ihre Probleme viel häufiger über Wut, ein sozial anerkannteres Gefühl als Traurigkeit. Ein Junge, der früh lernt, dass er nicht schwach sein darf, spricht infolgedessen weniger über sein Gefühlsleben. Und das kann sehr schwerwiegende Folgen haben: Erwachsene Männer suchen sich bei psychischen Problemen später weitaus seltener professionelle Hilfe und begehen viel häufiger Suizid als Frauen. Der gesellschaftliche Druck auf

Männer mag ein anderer sein als der, der auf Frauen lastet. Das heißt aber nicht, dass sich Stereotype nicht auch auf ihr Leben und ihren Selbstwert verheerend auswirken können.

Der Zweck von Stereotypen ist laut Sozialpsychologen übrigens, eine schnelle Einordnung einer Person vorzunehmen und den Denkaufwand möglichst gering zu halten. Und damit wurde der Nagel doch ziemlich genau auf den Kopf getroffen. Stereotype haben für uns in unserem Zusammenleben durchaus Sinn, denn sie machen das Leben einfacher und lassen uns unsere Welt schneller einordnen. Ob es in Bezug auf Geschlecht, Körper oder Beruf ist – wir alle laufen mit Schubladen in unserem Kopf herum. Es ist aber ein Unterschied, ob ein Kind begreift, dass es Geschlechterunterschiede gibt, oder ob es bereits in einem sehr frühen Alter eingetrichtert bekommt, dass Mädchen zum Beispiel besonders schön zu sein haben und Jungen besonders stark. Auf Vorurteile aufgrund bestimmter körperlicher Merkmale wollen wir später beim Thema »Body-Shaming« noch einmal genauer eingehen. Denn Vorurteile sind bei Mobbing und Body-Shaming natürlich eine der häufigsten Ursachen.

Das Gehirn ist aber gar nicht so pink und blau!

Zurück zu Mädchen und Jungs: So unterschiedlich, wie wir glauben zu sein, sind wir wohl gar nicht, zumindest nicht, wenn es um unsere Gehirnentwicklung geht. Wir kommen nicht mit pinken und blauen Gehirnen zur Welt. Die Neurowissenschaftlerin Lise Eliot zum Beispiel, die in ihrem Buch *Pink Brain – Blue Brain* (Houghton Mifflin Harcourt, 2009) den Geschlechtsunterschieden auf Basis der Hirnforschung auf den Grund geht, hält nicht viel von den Zuschreibungen »typisch weiblich« und »typisch männlich«. Im Gegenteil: Die angeblich geschlechtsspezifischen Verhaltensweisen, die von vielen Menschen so gern betont werden, sind laut der Hirnforscherin schlichtweg überinterpretiert. Ja, es gibt angeborene Unterschiede zwischen männlichen und weiblichen Gehirnen. Die sind aber relativ klein. Es sind laut Eliot eher die Bezugspersonen mit ihren eigenen Rollenerwartungen und die Inszenierung der Geschlechter in Werbung und Medien, die die Unterschiede zwischen Männlein und Weiblein aufbauschen.

Was wir also als »natürliche Sache« wahrnehmen, ist laut Eliot eher hausgemacht. Frauen werden beispielsweise oft soziale, Männern sachliche Fähigkeiten zugesprochen. Versuche, die aber nachgewiesen haben wollen, dass weibliche Babys stärker auf Gesichter reagieren als ihre männlichen Artgenossen und demnach sozialere Wesen sind, konnten später nicht reproduziert werden oder wurden mit neuen Ergebnissen widerlegt. Das Gehirn sei bei jedem Menschen plastisch und verändere sich im Lauf eines Lebens ständig, so die Hirnforscherin Eliot. Wir könnten also immer neu dazulernen und neue »Eigenschaften« erlernen.

Überschaubare Unterschiede

Die tatsächlichen Unterschiede von Männern und Frauen in ihrer Hirnentwicklung sind überschaubar. Hören, Sehen und Riechen entwickeln sich bei den beiden Geschlechtern in unterschiedlichen Geschwindigkeiten. Mädchen sind den Jungs in ihrer Sprachentwicklung oft einen Schritt voraus, wohingegen die Jungs minimale Vorsprünge bei der räumlichen Orientierung aufzeigen. Warum ist es aber dann so, dass Mädchen sich so oft für »Mädchen-Sachen« und Jungs für »Jungen-Sachen« interessieren?

Kinder verstehen erst mit etwa drei Jahren, welchem Geschlecht sie angehören. Aber bereits mit 18 Monaten verhalten sie sich ihrem Geschlecht entsprechend. Vom Tag der Geburt an beginnen Eltern und Umgebung, sich häufig unbewusst der Rollenverteilung entsprechend zu verhalten.

Weibliche Babys und Kleinkinder werden zum Beispiel eher als niedlich oder hübsch bezeichnet. Während männliche Kinder eher als aufgeweckt oder stark benannt werden.

Man kann sich das Ganze wie ein Feedback-Modell vorstellen: Kinder beobachten, wie sich die Geschlechter verhalten, und sie beobachten, wie ihre Bezugspersonen mit ihnen umgehen. Und die beeinflussen auch oft, wofür sich das Kind interessiert und welche dieser Interessen zum Beispiel gezielter gefördert werden. Weil das Kind je nach Geschlecht eine andere Reaktion auf ein Verhalten erhält, entwickelt es sich dementsprechend. Die biologischen Einflüsse und sozialen Einflüsse vermischen sich also dann. Und weil Kinder die Einflüsse ihrer Umwelt aufsaugen, bleiben sie von gängigen Rollenklischees und Erwartungen und auch den Vorstellungen und den Reaktionen ihrer Bezugspersonen natürlich nicht verschont.

Wir reproduzieren also sozusagen das »typisch Männliche« und »typisch Weibliche« auch, weil uns beigebracht wird, was die typischen Eigenschaften und Interessen von Mädchen und Jungs sind. In unserer modernen Welt sind wir von einem Modell, das sich in Erziehung und Medien in erster Linie nach persönlichen Vorlieben und Charaktereigenschaften richtet und eben nicht nach gängigen Rollenklischees, schon noch ein ganzes Stück entfernt.

Spielzeug: starke Jungs, sexy Mädchen

Während Spielzeug vor 30 oder 40 Jahren tatsächlich noch viel geschlechtsneutraler produziert wurde, sieht man in den Spielwarenabteilungen von heute deutlich, welche Ecke für welches Geschlecht geschaffen wurde. Jungs, so scheinen Spielzeughersteller zu glauben, brauchen Schwerter, Autos, Action und Computerspiele. Aus der Mädchenecke schimmert es rosa. Puppen und Prinzessinnenkleider, Glitzerpferdchen und Schminksets in verschiedensten Ausführungen! Klischee pur. Und noch etwas fällt auf, wenn es um – gerade aus den USA kommenden – Spielsachen und Medien für Mädchen geht: Die Gesichter und Körper der Puppen oder Zeichentrickfiguren sehen oft wie erwachsene Frauen aus, sind manchmal fast sexualisiert. Sie tragen Schminke und hohe Stiefel, haben lange Beine, Klimperwimpern und rote zum Schmollmund gespitzte Lippen.

Der Trend bei Spielzeug, so sagen Wissenschaftler, geht ganz klar in eine Richtung: Zum einen wird wieder stärker zwischen Mädchen und Jungen unterschieden, zum anderen werde bei Mädchenspielzeug stärker sexualisiert. Kinder werden immer früher in die Erwachsenenwelt gedrängt und somit auch immer früher zum Zielobjekt für Produkte aller Art. Die Firma Dove hat gute und kritische Kampagnen zu dem Thema Schönheitswahn und Selbstbewusstsein auf den Markt gebracht (auf Dove und ihre Kampagnen werden wir später noch genauer eingehen, siehe Seite 86f.). Eine dieser Kampagnen mit dem Namen »Onslaught« zeigt, wie ein kleines Mädchen bereits von Kindesbeinen an überall mit Bildern von Schönheitsidealen und Werbung zu Beauty-Produkten bombardiert wird. Am Ende des Clips sieht man das Mädchen mit ihren Freunden zur Schule laufen, und der Text »Sprechen Sie mit Ihrer Tochter, bevor es die Schönheitsindustrie tut« erscheint.

Die Darstellung von Puppen ist eine Spiegelung der Ideale, auf die Mädchen von klein auf getrimmt werden. Und es wirkt. Wenn Spielzeughersteller Puppen für kleine Mädchen sexualisiert darstellen, hat das einen für die Firma triftigen Grund: Diese Art von Puppen verkaufen sich besser.

In der amerikanischen Studie »Sexy Puppen, sexy Grundschüler?« wurde die Vorliebe von Mädchen für die Lolita-Versionen von Puppen belegt: Die Forscherinnen stellten fest, dass weibliche Probanden im Alter von sechs bis neun Jahren die sexualisierten Puppen den nicht sexualisierten mehrheitlich vorzogen. Die Studienleiter sahen darin die Sexualisierung von Frauen in der Werbe- und Medienwelt gespiegelt.

Hier schließt sich also der Kreis. Mädchen bevorzugen, was sie unentwegt sehen, weil sie es für richtig und erstrebenswert betrachten. Kinder haben heute einen anderen, einen freieren Zugang zu Medien. Es ist normal, dass sich ein neunjähriges Mädchen Schminkvideos auf YouTube oder Modelsendungen im Fernsehen ansieht. An jeder zweiten Litfaßsäule sehen Kinder Frauen in Unterwäsche auf Werbeplakaten. Die Frau als sexy Objekt brennt sich damit natürlich schon sehr früh in die Gehirne kleiner Mädchen ein. Und: Junge Mädchen orientieren sich natürlich grundsätzlich an »Vorbildern«, an älteren oder erwachsenen Frauen. Sie nehmen die Sexualisierung in den Medien und der Werbung wahr und wollen sich auch mit Sexualität auseinandersetzen. Gleichzeitig, so sagen die Wissenschaftler, würden aber viele Eltern mit ihren Kindern nicht offen genug über Sexualität sprechen. Sie führen die These an, dass Mädchen dieses Thema in ihrem Spiel mit den Puppen wieder aufgreifen, sich also dadurch auch mit der Übersexualisierung, die sie überall wahrnehmen, auseinandersetzen würden.

Kinderbücher und Zeichentrickfilme

Auch hier sind die Rollenbilder und Schönheitsideale oft problematisch. Nicht nur Puppen, auch viele weibliche Comicfiguren für Kinder sehen körperlich eher nach erwachsener Frau mit Kindchenschema-Gesicht aus. Als das Zentralinstitut für Jugend- und Bildungsfernsehen den Körper von 102 Zeichentrickfiguren untersuchte, stellte es fest, dass über 50 Prozent der Mädchen- und Frauenfiguren weltweit sehr unrealistische Körperformen aufweisen. Das sieht dann so aus: große Brüste, eine extrem schmale Wespentaille und überlange Beine.

Jetzt könnte man meinen, Kinderbücher vermitteln ein ausgeglicheneres Bild, wenn es um die Darstellung von Jungs und Mädchen geht. Und das stimmt zum Teil auch. Bei Kinderbüchern gibt es eine Entwicklung hin zur sogenannten genderbewussten Literatur, in der versucht wird, Geschlechterstereotype zu vermeiden. Ein großer Teil der Kinderbücher wird aber immer noch mit solchen bedient. Ob Donald Duck, Bob der Baumeister oder Ritter Rost – die Hauptfiguren in Kinderbüchern sind immer noch männlich.

Seit über 100 Jahren dominieren männliche Helden die Kinderliteratur, so das Fachmagazin *Gender & Society*. Im Schnitt sind
57 Prozent der Hauptfiguren aller Bücher, die zwischen 1900
und 2000 veröffentlicht wurden, männlich, nur 31 Prozent der
Bücher stellen weibliche Helden in den Mittelpunkt. Auch viele
der tierischen Helden sind männlich. Hier ist die Diskrepanz
sogar noch höher. Zwar finden sich in der Kinderliteratur auch
weibliche Hauptfiguren, die »typischen« Eigenschaften oder
die Rollenverteilung der Geschlechter ist in vielen Büchern
aber immer noch recht stereotyp. Oftmals werden diese Unterschiede gar nicht so schnell bemerkt, weil wir an die Darstellung
so sehr gewöhnt sind. Wer aber genauer hinsieht oder sich mit
Analysen von Kinderbüchern beschäftigt, wird feststellen, dass
bei der Darstellung der Geschlechter noch Nachholbedarf besteht. Mädchen sind zum Beispiel oft in Rottönen angezogen,
Jungs tragen ihre Haare fast immer kurz und sind in blauer oder
grüner Kleidung dargestellt. Die Mutter ist immer noch oft die
Hausfrau und der Vater der Versorger, der abends von der Arbeit
nach Hause kommt. Frauen werden öfter als passiv, ängstlich
oder emotional dargestellt als Männer. Männer hingegen sind
aktiver bei Arbeiten, die körperlichen Einsatz verlangen, dafür
sieht man sie weit weniger häufig bei fürsorglichen oder haus-
hälterischen Tätigkeiten. Und das, obwohl die moderne Welt
doch eigentlich viel pluralistischer in Sachen Familienkonstel-
lationen ist. Denn Frauen sind heutzutage nun mal auch oft al-
leinerziehend und/oder voll berufstätig.

Zeiten ändern sich

Trotzdem gehen Kindermedien natürlich mit der Zeit, und es
gibt bei Kinderbüchern und Filmen immer mehr Beispiele, die

Mädchen deutlich aktiver und selbstbewusster darstellen und in einem gleichberechtigten Verhältnis zu den Jungen zeigen (die darin übrigens auch traurig sein, sich »schwach zeigen« und weinen dürfen). Trotzdem fällt auf: Mädchen wird das »Hübschsein« immer noch als besonders erstrebenswert verkauft. Während den Jungen häufig die spannenden, abenteuerlichen Rollen zugeschrieben werden, ohne sich besonders schmücken zu müssen, sind Mädchen meist immer noch zurechtgemachte, einem bestimmten Schönheitsideal entsprechenden Prinzessinnen. Sieht man sich die Entwicklung der Disney-Filme und deren Figuren in den vergangenen Jahren an, gibt es tatsächlich eine inhaltliche Veränderung, die einen gesellschaftlichen Wandel widerspiegelt.

So geht es im Megaerfolg *Frozen* nicht darum, dass Elsa einen perfekten Prinzen findet, der sie glücklich machen wird. Es geht eigentlich um ein Thema, das auch uns in diesem Buch am Herzen liegt: um die Liebe zu sich selbst. Um ein Mädchen, das ihre eigene Entwicklung bestärkt und sich selbst lieben lernt. Kindern und vor allem Mädchen vermittelt diese Geschichte eines weiblichen Helden die richtigen Werte: Du bist stark, du bist liebenswert und wertvoll, auch ohne einen männlichen »Retter«. Gleichzeitig kann man die immer noch sehr einseitige äußerliche Darstellung der weiblichen Figuren in Disney-Filmen nicht wegleugnen. Das vermittelte Schönheitsideal folgt voll und ganz dem »sexy Kindchenschema«: eine extreme Wespentaille, überlange Beine, ein langer, filigraner Hals, riesige Augen und lange, volle, wallende Haare. Dass diese Bilder keinen Einfluss auf das Bewusstsein kleiner Mädchen vom »perfekten Aussehen« haben, ist ebenso unrealistisch wie das Bild, das sie vermitteln.

Disney-Heldinnen ungeschminkt

Das dachte sich auch die Illustratorin Loryn Brantz, die versucht hat, »Disney-Heldinnen in Alltagsform« darzustellen. Es ist interessant, an sich selbst festzustellen, wie befremdlich diese Illustrationen auf den ersten Blick wirken. Eine Arielle mit einer ganz normalen Taille. Eine ungeschminkte Elsa. Eine Cinderella, die gerade einen »Bad Hair Day« hat.

Wir sind so an die DARGESTELLTE PERFEKTION *gewöhnt, dass wir alle Abweichungen* IM ERSTEN MOMENT *als weniger attraktiv oder zumindest irgendwie* SELTSAM WAHRNEHMEN.

Irgendetwas fehlt. Das schön zu finden, was eigentlich normal ist, ist für unser auf Perfektion getrimmtes Auge erst einmal eine Herausforderung. Ein dickes Schneewittchen wirkt auf den ersten Blick seltsam, aber doch nur, weil uns diese Diversität einfach nicht häufig genug gezeigt wird. Gibt es eigentlich Disney-Heldinnen, die größer sind als ihr Traumprinz? Oder sind sie dann weniger weiblich?

Wie wäre es, wenn – so, wie Loryn Brantz es durch ihre Illustrationen zeigt – die Zeichentrickfiguren von einem so einflussreichen Unternehmen wie Disney einfach mal von einem klassischen Bild abweichen würden und sehr groß oder sehr klein, androgyn, mollig, kurzhaarig und vieles mehr sein dürften? Es geht nicht darum, »klassische« Schönheitsideale zu verteufeln, sondern sie zu erweitern! Es reicht nicht, wenn die Botschaft eines Kinderfilms Selbstliebe ist, das Kind aber lernt, dass es dabei aber auf jeden Fall schön im Sinne des gängigen Ideals sein sollte.

EXKURS
Barbie setzt auf Veränderung
··

Das bekannteste und auch am häufigsten kritisierte Beispiel für Spielzeug für Mädchen ist wohl die Barbiepuppe. Und gerade die läutet nun eine Veränderung ein und kommt mittlerweile nicht mehr (nur) in extremen Idealen daher. Zwar hat sich die Hauptzielgruppe auch bei der Barbiepuppe deutlich verjüngt – früher sollten etwa neun- bis zwölfjährige Mädchen angesprochen werden, heute besonders Kinder im Alter von drei bis sieben Jahren, aber – immerhin – der Hersteller Matell hat sich im Jahr 2016 dazu entschieden, die Barbiepuppe in vier verschiedenen Körperformen auf den Markt zu bringen. Vielleicht auch nicht ganz freiwillig: Der Absatzmarkt für die Puppe ging in den Vorjahren extrem zurück, und so musste Matell handeln.

Neben der klassischen Barbie gibt es nun auch eine zierliche, eine große und eine kurvige Version sowie Barbies mit unterschiedlichen Augenformen (gerade der riesige chinesische Markt konnte sich nicht mit der klassischen Barbiepuppe identifizieren).

Zum Weltfrauentag 2018 bringt Barbie nun eine Sonder-Edition mit Puppen auf den Markt, die weibliche Vorbilder wie die Malerin Frida Kahlo, die Mathematikerin Katherine Johnson oder Amelia Earhart, Flugpionierin und Frauenrechtlerin, zeigen. Angeblich reagiert die Firma Matell damit auf eine Umfrage, die sie mit 8000 Müttern weltweit durchgeführt hat und die ergab, dass sich 86 Prozent der Befragten Sorgen um die Vorbilder machen, die ihren Töchtern in der heutigen Zeit präsentiert werden. Sicherlich springt Matell damit auf einen Zug auf, der aktuell einfach auch zum Trend geworden ist: Inspirierende Frauen mit Köpfchen und Female-Empowerment sind auf dem Vormarsch, und in Zeiten von #MeToo geht ein Ruck durch die Welt, der Frauen zeigt: Steht auf und erhebt eure Stimme. Dennoch hat sich Matell bei den neuen Darstellungen nicht besonders weit aus dem Fenster gelehnt. Wie wäre es mit einem eher fülligen Vorbild, liebe Barbie-Macher? Und warum hat man bei Frida Kahlo auf ihre berühmte Mono-Braue verzichtet, die ja gerade bei Kahlo als ein wichtiges Statement zur Selbstakzeptanz zu verstehen ist? Es scheint, dass viele Firmen Bewegungen wie »Body-Positivity« und »Time's Up« für sich nutzen wollen, aber eben nur innerhalb eines akzeptablen Rahmens. Frida Kahlos Mono-Braue oder ihr Damenbart sind für Barbie (noch) nicht akzeptabel, genauso wenig wie eine Barbie, die man als dick bezeichnen könnte. Deshalb sind diese Aktionen zwar ein Schritt in die richtige Richtung, weil sich dadurch zeigt, dass sich eine gesellschaftliche Veränderung vollzieht, aber trotzdem bleibt der Beigeschmack einer schlauen Marketingaktion.

Zurück zu den Rollenbildern: Natürlich entwickelt nicht jedes Mädchen, das mit Barbie oder ähnlichen Puppen spielt, ein komplett verzerrtes Selbstbild, denn schließlich gibt es im Leben eines Kindes noch andere Einflussbereiche. Trotzdem haben diese Darstellungen einen Einfluss auf die Psyche von Kindern, auf ihr Bewusstsein von Schönheit und von einem Verständnis, was und wie Frauen oder Männer zu sein haben.

Selbstbewusst durch Mama oder Papa

Die Sängerin Pink hielt vor Kurzem eine herzzerreißende Rede bei einer Preisverleihung, in der sie darüber sprach, dass sich ihre sechsjährige Tochter als das »hässlichste Mädchen« bezeichnete, weil sie ihrer Meinung nach nicht weiblich genug aussehe. Nun, das ist es, was mit Kindern passieren kann, die ständig mit einem bestimmten Bild von Schönheit konfrontiert werden. Pinks Antwort darauf?

Sie erstellte eine PowerPoint-Präsentation, in der sie ihrer Tochter die Schönheit androgyner Stars wie Prince, David Bowie oder Annie Lennox präsentierte. Sie fragte ihre Tochter daraufhin, was sie eigentlich von ihrer Mutter halte. »Du bist schön«, entgegnete die Kleine.

Die Sängerin erklärte ihrer Tochter daraufhin, dass sie für folgende Eigenschaften immer wieder kritisiert werde: »Sie sagen, ich sehe aus wie ein Junge, ich bin zu maskulin, mein Körper ist zu stark.« Sie wolle sich aber nicht verändern, so Pink zu ihrer Tochter, weil sie sich selbst so gern habe, wie sie sei – und vielleicht gerade deshalb Konzerthallen auf aller Welt fülle. Eine starke Botschaft an den Selbstwert ihres Kindes. »Du bist du und musst dich nicht verändern, um anderen zu gefallen. Ich sehe dich und liebe dich, so, wie du bist. Es gibt nicht nur eine Form von Schönheit. Du bist okay, so, wie du bist. Und weißt du was? Du bist etwas ganz Besonderes für mich.«

Nun ist es aber gerade das Elternhaus, in dem unser Selbstbewusstsein auch erschüttert wird. Der spätere innere Kritiker ist auch oft die Stimme der Eltern. Wenn ein Elternteil oder eine Bezugsperson eben nicht so reagiert, wie Pink es tat, sondern ein Kind gemäß bestimmter Vorstellungen formen möchte, dann leidet ein Kind unter doppeltem Druck. Es bemerkt die Erwartungen der Gesellschaft, die ohnehin schon sehr unrealistisch sind, gerade im Bezug auf Schönheitsideale und Leistungen, und erfährt noch einen zusätzlichen Druck von zu Hause.

Deshalb ist es auch so wichtig, dass Eltern ihre eigene Einstellung gegenüber Schönheitsidealen hinterfragen. Ein Kind, dessen Eltern ihm das Gefühl geben, es sei falsch, so, wie es ist, wird dem Glauben schenken. Das können bereits kleine Bemerkungen sein. »Jetzt musst du aber etwas abspecken« oder »Trag doch deine Haare lang, das ist viel schöner«. Wenn Mama ständig auf Diät ist und über ihr Gewicht spricht, wird das eigene Gewicht wahrscheinlich Thema für das Kind werden. Ein Kind zu fördern ist richtig und wichtig, ein Kind zu etwas machen zu wollen, was gesellschaftlichen Anforderungen möglichst genau entspricht, kann sehr schädlich sein.

Die Erfahrung, nicht so akzeptiert so werden, wie wir sind, haben viele von uns gemacht. Es gibt einen schönen Spruch, der besagt: »Gib einem Menschen das Gefühl, dass er das sein kann, was er ist. Und sehe der Magie dabei zu, wie sie sich entfaltet.« Hätte Pink anders reagiert und ihrer Tochter das Gefühl gegeben, dass ihr »Anderssein« – was nur anders ist, weil es nicht einer vorgegebenen konstruierten Norm entspricht – schlecht ist, dann hätte das vielleicht weitreichende Folgen gehabt. Die Botschaft wäre dann womöglich gewesen: »Mama findet auch, dass mit mir etwas nicht stimmt. Irgendetwas ist grundlegend falsch mit dem, wie ich bin.« Dieser Glaubenssatz verfolgt viele von uns ein Leben lang. Wie man einem negativen Körperbild entgegenwirken und Selbstakzeptanz üben kann, werden wir im Kapitel »Warum Selbstbewusstsein so sexy ist« ab Seite 137 ff. noch genauer besprechen.

Der Wahn nach Perfektion beginnt früh

Das Beispiel von Pinks Tochter steht stellvertretend für ein negatives Selbstbild, das viele Kinder – und gerade Mädchen – in der heutigen Zeit schon früh von sich entwickeln. Die Einflüsse sind mannigfaltig, Kinder werden häufiger und früher mit Bildern überflutet, die letztlich ihre Wirklichkeit konstruieren. Wenn ein Kind zum Beispiel ständig mit Werbung zu tun hat, in der Frauen sexistisch dargestellt werden, einen großen Busen, lange Haare oder einen sehr schlanken Körper haben, glaubt es natürlich, dass das, was es da sieht, der allgemeinen Empfindung von Schönheit entsprechen muss – und verhält sich eventuell irgendwann auch dementsprechend. Nicht umsonst beginnen oft schon Kinder mit Diäten, stellen sich Mädchen immer früher in aufreizenden Posen dar und beginnen, sich mit anderen zu vergleichen. Schon früh lernen sie: An einem idealen Körper zu arbeiten sollte Teil deines Lebens sein – und eigentlich kann diese Perfektion nie erreicht werden, denn nie ist irgendetwas gut genug. Irgendetwas fehlt immer. Wenn Perfektion zum Anspruch wird – sei es im Aussehen oder schulischen oder beruflichen Leistungen –, kann das zerstörerisch wirken. Das Streben nach Perfektionismus kann intensive psychische Schmerzen verursachen, denn die Angst, den Ansprüche nicht zu genügen, die ein Mensch an sich selbst stellt oder die er von der Gesellschaft, den Eltern, dem Partner usw. gestellt bekommt, erzeugt enormen Stress. Das wiederum führt dazu, dass selbst kleine Abweichungen der hochgesteckten Ziele in einem zerschmetterten Selbstbewusstsein enden können. Menschen, die nach Perfektion streben, erleben dann jede kleine Kritik als Kränkung oder Angriff. Natürlich ist das nicht bei jedem Menschen gleich stark ausgeprägt, die gesellschaftliche Tendenz geht aber in diese Richtung, und so sind wir alle mehr oder minder stark von diesem Perfektionsanspruch unter Druck gesetzt.

Es ist normal, dazugehören zu wollen

Erinnert ihr euch an die Beispiele zu Beginn des Buchs? Zwei pubertierende Mädchen, die nichts anderes wollen, als dazuzugehören. Wir alle waren einmal diese Kinder oder Jugendlichen, die sich nach der Anerkennung von anderen gesehnt haben. Gerade in der Zeit der Adoleszenz, also während der Pubertät und im jungen Erwachsenenalter, sind wir hochgradig sensibel für die Einflüsse, die außerhalb unseres Elternhauses liegen, von dem wir uns langsam abzunabeln versuchen. Unsere Hormone verändern sich, wir wandeln uns optisch, und wir nehmen neue Haltungen und Rollen ein, die unser Ich und unser Selbstbild formen. Wir wollen anderen gefallen, auffallen oder bemerkt werden, besonders von denen, die uns wichtig sind. Wir vergleichen uns, orientieren uns an unserer »Peer Group«, unseren Freunden, den »beliebten Jungs oder Mädchen in der Schule«, den Stars, die gerade gehyped werden. Weil wir noch nicht genau wissen, wer wir eigentlich sind, testen wir uns aus, wir fragen: »Bin ich eigentlich okay, so, wie ich bin?« Wir interagieren zwar stark mit unserer Außenwelt, aber sitzen bisweilen stundenlang in unseren Zimmern und denken über das nach, was wir sind, wie wir rüberkommen und wie wir vielleicht einmal sein wollen. Jede Kritik von außen kann unser bisher erworbenes Selbstbild ins Wanken bringen.

Selbst kleine Infragestellungen des
SELBSTWERTS
werden oft am Offensichtlichsten, dem eigenen Aussehen, festgemacht. Wie sollte es auch anders sein in einer Welt, in der einem
PERFEKTEN KÖRPER
so viel Wert beigemessen wird?

Wenn Schönsein »gut sein« bedeutet und mit »Gemochtwerden« zusammenhängt, dann wird die Bestätigung über dieses Schönsein uns Glücksgefühle bescheren. Wenn wir hören, dass wir schön sind – und dieses Schönsein gerade für Frauen als höchstes Gut propagiert wird –, stärkt das logischerweise unser Selbstvertrauen. Gerade hier kommt die verheerende Wirkung von schwer erreichbaren Schönheitsidealen besonders stark zum Vorschein.

»Ich gehöre nicht zu den beliebten Jugendlichen. Der Junge oder das Mädchen meiner Träume steht nicht auf mich. Das muss etwas mit meinem Aussehen zu tun haben.« Vielleicht wurde uns sogar gesagt, wir seien hässlich oder dick oder falsch angezogen. Und so stellen sich 13-Jährige vor den Spiegel und fragen sich, was sie verändern können, damit auch sie zu jenen gehören, die das bekommen, was sie sich in dieser Phase sehnlichst wünschen: Anerkennung, Bestätigung, ein »Ich gehöre dazu« oder ein »Ich bin okay«.

Und natürlich muss uns bewusst sein, welch enormen Einfluss auch die Medien in dieser Phase auf uns haben und wie sehr sie bestimmen, was wir später in unserem Erwachsenenleben als erstrebenswert betrachten, weil wir diesen Einfluss vielleicht unreflektiert mit in unser Erwachsenenleben übernommen haben. Und wenn wir ehrlich sind, ist es auch schwierig, sich dem Ganzen zu entziehen, wenn man rational erkannt hat, dass es nicht nur darum geht, dass wir als besonders schön zu gelten haben. Zu tief sitzen die Bilder des Perfektionismus in unseren Köpfen. Es ist schwierig, ein selbstbewusstes Vorbild zu sein, wenn wir alle darauf konditioniert sind, anders und besser sein zu müssen.

So haben wir durch Diätvorschläge in Magazinen, Ratgeberartikel, Instagram-Body-Challenges und eine ständige Bombardierung mit Werbung immerzu mit der Botschaft zu kämpfen, dass wir so, wie wir sind, noch nicht ganz in Ordnung, noch nicht ganz vollendet sind. Wir glauben, wir müssten immer wieder mit Hammer und Meißel an unseren Körpern und unserem Image ansetzen, um unser zukünftiges perfektes Selbst zu modulieren. Da die meisten Frauen trotz aller teuren Cremes und Fitnessstudiokursen diesem erwünschten Ideal niemals ganz entsprechen werden, stehen sie oder setzen sich selbst immens unter Druck oder werden von anderen unter Druck gesetzt.

EXKURS
Frankreich setzt ein Body-Positive-Zeichen
• •

Chapeau, Frankreich! Seit Beginn 2017 ist in Frankreich ein Gesetz in Kraft getreten, dass man ruhig als Body-Positivity-Statement betrachten darf. Denn seit diesem Zeitpunkt müssen sich Models, die in Frankreich arbeiten, ihren Gesundheitszustand von einem Arzt bescheinigen lassen. Unter anderem muss dazu ein Body-Mass-Index angegeben werden, der im Normalgewichtsbereich liegen muss. Wer ohne Bescheinigung arbeitet, kann mit Geldstrafen von bis zu 75.000 Euro oder einer Gefängnisstrafe bis zu sechs Monaten rechnen. Das Gesetz zeigt, dass sich etwas in den Köpfen der Menschen verändert und sich die Gesellschaft wandelt und Verantwortung übernimmt. Das französische Gesundheitsministerium möchte damit dem vorherrschenden Ideal, das oftmals eben gesundheitsschädlich ist, entgegenwirken. Auch die Modeindustrie zieht nach: Die Dachkonzerne bekannter Modemarken sehen, dass es Zeit ist, etwas zu verändern. Marken wie Gucci, Saint Laurent und Dior haben eine gemeinsames Regelwerk veröffentlicht, das sich die »Charta für das Wohlbefinden von Models« nennt. Zu diesem

Regelwerk gehört auch die Gesundheitsbescheinigung, die Kleidergröße 32 für Models soll von nun an nicht mehr zum Standard gehören. Außerdem sollen die Arbeitsbedingungen gerade für minderjährige Models verändert werden. Übrigens: In Spanien, Italien und Israel gibt es ähnliche Regelungen.

Ob man Photoshop nun mag oder nicht: Auch die Retusche von Bildern ist in Zukunft in Frankreich nicht mehr dieselbe wie früher. Seit Oktober 2017 müssen Fotos in Werbung, Medien und Internet mit einem »Retuschiert«-Hinweis versehen werden, wenn die Figur eines der Models nachbearbeitet wurde. Man kann davon halten, was man möchte, aber die Bewusstmachung, die Veränderung, die Bewegung in diesem Bereich setzen ein grundsätzlich positives Zeichen gegen unrealistische Schönheitsideale.

Die Macht der Medien – *Germany's Next Topmodel,* Kim Kardashian, YouTube & Co.

Sind die (sozialen) Medien an allem schuld? Oftmals wird den Medien die Karte des »bösen Buben« zugeschoben, wenn es um die Darstellung von Schönheitsidealen und Geschlechterrollen geht. Und ja: Diese Kritik ist definitiv angebracht, aber sie wird einer sehr breit gefächerten Medienlandschaft auch nicht ganz gerecht. Wir leben in einer digitalen Medienwelt, die zahlreiche Einflüsse und Darstellungsformen zulässt. Es mangelt nicht an Journalisten, Autoren, Bloggern und sogenannten Meinungsmachern, die einen kritischen Blick auf die Gesellschaft richten. Trotzdem prägen die Medien und gerade auch die sozialen Netzwerke die Körpernormen natürlich stark. Der Zugang zu Inhalten ist in digitalen Zeiten für alle, aber gerade auch für Kinder und Jugendliche, leichter als je zuvor. Der Wettbewerbsgedanke ist bei den sozialen Medien groß. »Likes«, »Shares« und bestärkende Kommentare haben einen gewissen Suchtcharakter. Diese Bestätigung erfahren heute viele Menschen auch über das Darstellen bestimmter Körperformen. Und so ist gerade Instagram voll mit sogenannten Body-Challenges, Beauty-Vorbildern und Diätvorschlägen. Nur – und das ist der Ist-Zustand – wir leben alle in dieser digitalen Welt und werden auch in Zukunft verstärkt in ihr leben. Diese Welt lässt vieles zu. Das kann und ist in vielen Fällen problematisch. Es ist aber, wenn man bedenkt, dass zum Beispiel die Body-Positive-Bewegung ebenfalls im Internet entstanden ist, auch eine Chance für mehr Diversität ...

Die Frau in den Medien – Hauptsache jung und schön

Obwohl wir fest an eine Veränderung in der einseitigen Darstellung von Schönheit glauben bzw. das mitverändern wollen, gibt es in der heutigen Medienwelt noch sehr viel Luft nach oben, wenn es darum geht, welcher Fokus bei der Berichterstattung über Frauen oder »Frauenthemen« gelegt wird. Hier sei gesagt: Ja, wir sind Blogger, und ja, wir arbeiten mit einem visuellen Medium, und deshalb geht es bei unseren Inhalten natürlich auch ums Visuelle. Trotzdem geht es uns gerade als »The Skinny & The Curvy One« darum, die altbekannten Schönheitsideale infrage zu stellen. Denn Frauen, gerade die in der Unterhaltungsindustrie, werden oft immer noch in erster Linie an bestimmten Attraktivitätsstandards gemessen. Ist die Frau jugendlich, ist das gut. Ist sie schlank, ist das noch besser. Ist sie schön, hat sie alles, was sie braucht. Erst wenn ihr Äußeres anhand bestimmter Ideale bemessen wurde, kommen andere »Errungenschaften« ins Spiel.

Ein fast ironisches Beispiel, das zeigt, wie sehr »Frau-Sein« medial immer noch mit »Schön-Sein« in Verbindung gebracht wird, ist der »Fall Caitlyn Jenner«. Jenner, die als Bruce Jenner geboren wurde, bekannte sich im Jahr 2015 zu ihrer Transsexualität und präsentierte in der Zeitschrift *Vanity Fair* ihren neuen Namen und ihre neue Identität als Frau. Jenner war in jungen Jahren zuerst als erfolgreicher Sportler bekannt, und diese Bekanntheit steigerte sich später durch die Reality-Serie *Keeping Up With The Kardashians.* Jetzt könnte man meinen, dass die Medien dieses Ereignis als Meilenstein für die Transgender-Community betrachten. Ein bekannter Sportler und Familienvater bekennt sich zu seiner wahren Identität und ist mutig genug, die Welt daran teilhaben zu lassen. Nun, wie der Komiker John Stewart in seiner Satire-Sendung *The Daily Show* anhand zahlreicher Videosequenzen aufdröselte, stürzten sich viele der amerikanischen Medien hingegen nur auf einen Punkt: Ist Caitlyn Jenner eine attraktive Frau oder nicht? Es herrschte Erstaunen darüber, dass Jenner so eine »hotte und sexy Frau« sei. Und auch das Alter von Jenner, die 1949 geboren wurde, war ganz plötzlich Thema. Denn natürlich kam auch der unsägliche Spruch, dass Jenner »für ihr Alter« noch ziemlich gut aussehen würde. Hier zeigt sich wunderbar, wie sehr Frauen medial noch immer unter der Lupe der sogenannten Fuckability betrachtet werden. Ist sie heiß? Ist sie hübsch? Ist sie jung?

Wer hat sich das gefragt, als Jenner noch als Mann lebte? Während es also in ihrem früheren Leben als Bruce Jenner in der medialen Berichterstattung eher um berufliche Erfolge oder die Rolle als Reality-TV-Star ging, wurde Jenner nun in jene Art von Berichterstattung eingeführt, die Frauen sehr oft erfahren: Sie hat ein Haltbarkeitsdatum erhalten.

Nun sei natürlich auch gesagt, dass – losgelöst von der Berichterstattung über Caitlyn – gerade der Kardashian-Jenner-Clan als
Marke die Jugendlichkeit und das perfekte Aussehen von Frauen
stark propagiert. Es gibt kaum ein weibliches Mitglied der Familie, das sich keiner Schönheitsoperation unterzogen hat. Gerade
die Kardashians stehen sinnbildlich für eine Medienwelt, die dem
Aussehen von Frauen einen immens hohen Stellenwert beimisst.

EXKURS
Dove und die Initiative zur »wahren Schönheit«
....

Als die Kosmetikfirma Dove im Jahr 2004 eine große Kampagne
mit dem Namen »Initiative zur wahren Schönheit« in Form einer Fotoausstellung, in der 67 weibliche Fotografen ihre Arbeiten zeigten, ins Leben rief, war das eine Art Kampfansage gegen
die übliche Darstellungsweise von Frauen in den Medien. Und
wurde ein großer Erfolg: Fast jedem sind die Bilder, die Frauen
mit unterschiedlichen Körperformen und Hautfarben in weißer
Unterwäsche zeigen, geläufig, und heute – 14 Jahre später – ist
die »Campaign for Real Beauty«, wie sie im Originaltitel heißt,
eine der Top-Erfolgsgeschichten des modernen Marketings.

Im Jahr 2006 wurde der Film *Evolution* veröffentlicht, der zeigte,
wie eine junge Frau vom Typ »girl next door« durch Make-up
und Retouche zu einer Supermodelschönheit auf Werbeplakaten verwandelt wurde. Für Millionen von Frauen war gerade der
Evolution-Clip ein Augenöffner, der den begrenzten Rahmen der
Wahrnehmung von Schönheit, der ihnen über viele Jahre durch
Werbung und Medien vermittelt wurde, sprengte.

»Jede Frau kann theoretisch zu einem Supermodel gemacht werden«, das war die Botschaft. Über die Jahre ist Dove der »Jede-Frau-ist-schön-Linie« treu geblieben. Der Anspruch, so die Vertreter der Kampagne, sei es, eine ganze Generation in Hinblick auf Schönheits- und Körperideale zu verändern.

Natürlich sah sich Dove auch Kritik ausgesetzt. Dove, so heißt es, verdiene gerade als Kosmetikfirma, die bis heute zum Beispiel Produkte gegen Cellulitis anbietet, an der Unsicherheit von Frauen. Ein anderer Kritikpunkt ist, dass der Fokus der Dove-Werbung noch immer auf der Schönheit als erstrebenswertes Gut liegt – übrigens auch ein wichtiger und heiß diskutierter Punkt in der Body-Positive-Bewegung, den wir später noch einmal genauer beleuchten werden. Obwohl diese Kritik durchaus angebracht und auch diskussionswürdig ist, muss man Dove zugestehen, über die Produktwerbung hinaus zahlreiche Diskussion angestoßen zu haben, die einen großen medialen Einfluss hatten. In den vergangenen zehn Jahren veränderte sich einiges in Bezug auf eine breiter gefächerte Darstellung von Schönheitsidealen in den Medien.

Das schöne Geschlecht ist unsere Rolle

So wie Jenner ergeht es also vielen anderen Frauen, deren Alter und Schönheit in den Medien zum Thema Nummer eins gemacht werden – und zwar vor sämtlichen anderen Erfolgen oder Errungenschaften. Wer mehr als ein hübsches Aussehen zu bieten hat – und das haben die meisten Frauen –, wird oft mit dem Prädikat »nicht nur schön, sondern auch schlau« versehen. Da liest man dann über etwaige Frauen mit Doktortitel: »Sie ist nicht nur schön, sondern hat auch Köpfchen.« Als würden sich diese beiden Dinge ausschließen.

Bei jungen oder attraktiven Politikerinnen wird das Aussehen thematisiert (ja, das passiert auch bei männlichen Politikern – allerdings weitaus weniger), anstatt oder bevor man ihre Inhalte bespricht. Weibliche Schauspielerinnen werden auf dem roten Teppich zu ihren Kleidern befragt, anstatt auf eine anspruchsvolle Rolle in ihrem aktuellen Film einzugehen. Eine ältere Schauspielerin, die einen tiefen Ausschnitt zeigt, so wie Susan Sarandon es bei den Screen Actor's Awards tat, füllt am nächsten Tag damit die Klatschspalten.

Frauen, die über 50 sind und sich als sexuelle Wesen zeigen? Für viele Medienmacher scheinbar entweder unangenehm oder skandalös, aber zumindest erwähnenswert. Während es bei älteren Männern medial kaum noch Erwähnung findet, dass sie eine Jüngere zur Frau haben (der amerikanische Präsident Trump ist 71 Jahre alt, seine Frau Melania ist 47), ist es hingegen medial ein Riesenthema, wenn es umgekehrt so ist (der französische Präsident Macron ist 40 Jahre alt, seine Frau Brigitte ist 64). Die Beispiele sind zahlreich und könnten Seiten füllen. Tendenziell ist das »schöne Geschlecht« immer noch unsere Rolle. Und damit verweisen wir noch mal auf die Geschlechterrollen, die wir zu Beginn besprochen haben.

»Dazu fällt mir auch noch etwas ein. Ich bin ja Medizinstudentin. Und interessanterweise wurde mir schon öfters nahegelegt, dass ich meine Arbeit als Bloggerin nicht in meinen Lebenslauf mit aufnehmen sollte. Warum? Passt irgendwie nicht, ist vielleicht auch unseriös. Dabei sind das Bloggen und meine damit verbundene

Arbeit ja mittlerweile durchaus ein Business und nicht mehr nur ein Hobby. Ich stecke schließlich viel Mühe und Zeit in diesen Teil meines Lebens – und das verlangt durchaus Köpfchen. Aber es ist fast ironisch: Als angehende Ärztin werde ich aufgrund meines Äußeren oder aufgrund meines Interesses an Mode schon wieder in eine Schublade gesteckt. ›Das kleine Blondchen, dem weniger zugetraut wird.‹ Können wir einfach mal aufhören, Frauen in diese Kategorien zu packen? Es muss keine besondere Erwähnung finden, dass eine hübsche Frau auch schlau ist. Oder eine schlaue Frau auch hübsch. Ich will ernst genommen werden, egal, wie ich mich style. Ich will nicht entweder seriös und schlau sein oder in die Kategorie Modepuppe fallen.

FRAUEN VON HEUTE SOLLTEN SICH FREI ENTFALTEN KÖNNEN.

Ich kann auf mein Äußeres achten oder über Mode bloggen und gleichzeitig eine ernst zu nehmende Person in meinem Berufsleben als Ärztin sein. Ich bin, was ich bin, und ich bin stolz auf alle meine Erfolge – egal, in welchem Bereich sie liegen.«

Die sozialen Medien sind Fluch und Segen zugleich

Während sich die visuellen Medien »von früher« größtenteils auf Magazine und das Fernsehen beschränkt haben, ist durch die sozialen Medien ein nicht enden wollender Quell an Einfluss- und Ausdrucksmöglichkeiten auf und von deren Nutzern gegeben – und das kann sich positiv, aber auch negativ auswirken.

Früher wurden unsere Zimmer mit Postern aus der *Bravo* beklebt, unsere Vorbilder waren beliebte Schauspieler, Musiker oder Models. Dort hinzugelangen, zu den Menschen zu gehören, die auf eine Anhängerschaft Einfluss nehmen oder Meinungsmacher sind, war früher ein langer Weg und/oder nur wenigen Glücklichen vorbehalten.

Heute kann in Zeiten von Facebook, YouTube und Instagram jeder Einfluss auf den anderen nehmen und Vorbild sein – manche mehr, manche weniger. Die Möglichkeiten sind unzählbar, und die Meinungen und Vorbildfunktionen, die sich daraus ergeben, sind es auch. Jeder kann einen Blog starten, jeder kann sich ein Facebook- oder Instagram-Profil zulegen, und somit ist auch jeder in der Lage, etwas von sich mit der Welt zu teilen. Grundsätzlich ist das positiv, denn dieser Prozess des Teilens von Gedanken, von Lebensweisen, von Wissen, von Fertigkeiten, von Bildern ist viel demokratischer als das, was früher vielleicht nur durch einflussreiche Magazine oder das Fernsehen abgedeckt wurde.

Gerade die Mode- und Entertainment-Welt musste und muss sich durch die neuen Medien verändern, musste sich dem Ruf nach Diversität anpassen.

Und so lässt Karl Lagerfeld bei Chanel auf einmal eine dicke Frau wie Beth Ditto über den Catwalk laufen, die mit ihrem Auftreten für etwas steht, was sich immer mehr verändert und herauskristallisiert: Das Diktat der Schönheitsideale wird nicht mehr einfach so kritiklos hingenommen. Ja, auch dicke Frauen kleiden sich modisch, kleiden sich sexy, dürfen sich zeigen. Während Frauen, die dem gängigen Schönheitsideal nicht entsprechen, früher kaum oder nur ungenügend repräsentiert wurden, gibt es heute eine Bewegung hin zu einem selbstbewussten Umgang mit dem eigenen Körper. Auf einmal laufen Plus-Size-Models auf den Fashionweeks, werden Körper unterschiedlichster Formen zelebriert. Das wäre noch vor einigen Jahren undenkbar gewesen und setzt ein Zeichen in die richtige Richtung.

Und das sich viel verändert hat, ist auch dank der Digitalisierung und der Vielfältigkeit, die sich daraus ergibt, so. Trotzdem sind soziale Medien ein zweischneidiges Schwert. Denn da, wo es viele Richtungen und Einflüsse gibt, pickt man sich vielleicht nicht immer die heraus, die gesunde Werte vermitteln, oder bekommt mitunter das Gefühl, dass man auf Dinge Wert legen sollte, die wenig mit der eigenen Lebensrealität zu tun haben. In den sozialen Medien sieht vieles »perfekt« aus, denn jeder kann genau bestimmen, wie viel und was er von sich preisgibt. Auch kursieren auf Instagram immer wieder Trends, die fragwürdig sind und zum Beispiel Bikini-Bridge- oder Thigh-Gap-Challenge heißen und eine bestimmte Körperästhetik propagieren.

Der Name »Challenge« besagt ja schon, dass für diese Ideale einige Herausforderungen auf sich zu nehmen sind. Wenn 15-Jährige hungern oder wie wild trainieren, nur damit zwischen ihren Oberschenkeln eine Lücke entsteht, die sie dann später auf Instagram präsentieren können, zeigt das, dass die sozialen Medien ein gewisses Gefahrenpotenzial für den Selbstwert eines jeden Nutzers darstellen. Stars wie Kim Kardashian, die eines der Profile mit den meisten Followern weltweit hat, promotet die Suche nach Schönheit wie kaum ein anderer Influencer. Grundsätzlich hat all das eine Daseinsberechtigung und ist nicht per se abzulehnen. Aber man sollte immer kritisch hinterfragen, was hier wirklich echt ist und was nicht und inwiefern Instagram der wirklichen Lebensrealität vieler Menschen entspricht. Man zeigt sich natürlich meist von seiner besten Seite, denn das ist ein Teil des Geschäftsmodels vieler Influencer. Obwohl es einen Trend zur Authentizität gibt, sind viele der Inhalte wohlkalkuliert und nicht anders als zum Beispiel ein Modemagazin zu verstehen, das auch nicht alles abdruckt.

Wer ein ganz »normaler« User ist, fühlt sich durch eine steigende Followerzahl oder Likes natürlich auch bestätigt, und die Suche nach Anerkennung kann schnell Suchtcharakter erhalten. Likes und positive Kommentare, so hat man herausgefunden, wirken auf den Belohnungsbereich des Gehirns und schütten Glückshormone aus. Aber das Wertgefühl, das durch Likes entsteht, ist keines, das sich tief in uns verankert. So, wie sich nichts tief in uns verankert, was wir rein von äußeren Umständen und der Bestätigung anderer abhängig machen. Es kann schnell so aussehen, als sei man der einzige Mensch auf dieser Erde, der mit Unsicherheiten und mit einem Leben, das so perfekt gar nicht ist, zu kämpfen hat. Man orientiert sich an Influencern oder Models, deren Profile eine scheinbar perfekte Welt darstellen. Auch das Leben eines Influencers ist nicht perfekt und nicht frei von Problemen und Unsicherheiten.

Dass Instagram aber tatsächlich einen negativen Einfluss auf unsere Psyche haben kann, beweisen neuere Untersuchungsergebnisse. Menschen, die sich viel auf Plattformen wie Instagram aufhalten, haben oftmals mit einem schlechten Gefühl zu kämpfen, weil sie sich mit den darin gezeigten Inhalten vergleichen. Eine Befragung der britischen Young Health Movement Organisation, die sich mit der Gesundheit von jungen Menschen beschäftigt, ergab, dass sich die Nutzung von Instagram auf die psychische Gesundheit der 14- bis 21-jährigen Teilnehmer negativ auswirkt. Gerade in den Bereichen Selbstwahrnehmung und Körperbild spürten die Studienteilnehmer einen negativen Effekt. Außerdem löste das Vergleichen mit anderen in den jungen Nutzern das Gefühl der »Fear of Missing Out« aus, also der Angst, etwas im Leben zu verpassen. Auf der anderen Seite – und hier zeigt sich wieder der Aspekt des zweischneidigen Schwerts – zeigte die Studie auch, dass Instagram einen positiven Effekt auf die Kategorien Selbstentfaltung, Identität und Gemeinschaftsbildung hatte. Denn gerade junge Nutzer suchen ja nach Vorbildern und Vergleichsmöglichkeiten, nach Gruppenbildung und nach einem Identitätsgefühl. Auch auf Instagram oder YouTube mangelt es nicht an Vorbildern und Profilen, die eine positive Wirkung auf das eigene Selbstwertgefühl haben können.

Letztlich ist es wie im realen Leben. Wir können nicht alle Einflüsse von uns fernhalten, aber wir können uns entscheiden, mehr Gewicht auf die Dinge zu legen, die uns stärken und guttun. Ein bewusstes Nutzen und ein Einordnen von dem, was gesehen wird, ist dabei sicher hilfreich. Das perfekte Leben oder der perfekte Körper ist meist ein Trugbild, auch wenn es manchmal so erscheinen mag, als ob man diesen in der virtuellen Welt ständig begegnet.

»Ich denke, es ist im menschlichen Geist verwurzelt, sich mit anderen zu vergleichen. Wir suchen Verbindung und wollen wissen, ob wir okay sind, so, wie wir sind. Als ich mit Instagram angefangen habe, hatte ich keine Ahnung von Bildbearbeitung. Mir ist ein Erlebnis aus dieser Zeit im Gedächtnis geblieben. Ich dachte, dass viele Frauen, die ich dort sehe, perfekte Schönheiten sind. Und als ich einer Freundin eines dieser Profile gezeigt und darüber geschwärmt habe, was für perfekte Beine diese Frau doch habe, zog sie nur die Augenbrauen nach oben und sagte: ›Von Photoshop hast du noch nie etwas gehört, oder? Die Beine sind lang gezogen.‹

Sie hat mir dann gezeigt, wie das funktioniert. Ich hatte bis vor drei oder vier Jahren wirklich keine Ahnung, dass sich eben auch auf den sozialen Medien Bilder nachbearbeiten lassen. Und ich denke oft: Hätte ich das mit zwölf Jahren gesehen, ich hätte das wirklich nicht verstanden und geglaubt, das sei real. Deshalb kann ich natürlich auch die Kritik an Photoshop verstehen, obwohl ich ehrlicherweise auch nachbearbeite. Die Illusion, das muss man sagen, bekommt auch die meisten Likes. Ich sehe diese Bilder also eher als Kunstform. In Zeitschriften werden Bilder bearbeitet, Fotografen erschaffen Illusionen, die Werbebilder sind nicht echt. Mein Ansatz ist, dass ich meine Fotos selbst ansprechend finden möchte und trotzdem sage, dass es eben auch eine Art Illusion ist, ein ästhetischer Anspruch. Diese Unterscheidung zu machen ist wichtig.

Ich bin nicht immer so top gestylt wie auf meinen Bildern, aber da das Bloggen über Mode eben auch mein Beruf ist, zeige ich auch nur Fotos mit einem gewissen Anspruch und Qualität. Aber klar: Ich werde auch hin und wieder unsicher, wenn ich Sendungen wie Germany's Next Topmodel *anschaue und mich mit den superschlanken, langbeinigen Models vergleiche. Ich denke, zum Selbstbewusstsein gehört auch dazu, das nicht zu verleugnen. Es ist nicht so, dass mich nichts aus der Ruhe bringen könnte und ich mich nicht auch immer mal wieder hinterfrage, wenn ich einen kleinen Plätzchenbauch habe. Aber: Ich kann es schneller einordnen. Ich analysiere meine Gedanken und bin dann ganz schnell auch an dem Punkt, an dem ich sagen kann: ›Okay, das Model aus der Sendung ist schön. Aber die Frau, die ich heute auf der Straße gesehen habe, die vielleicht etwas mehr Kilos auf die Waage bringt, die fand ich auch wunderschön.‹ Mein Bild von Schönheit hat sich auch durch unsere Arbeit definitiv erweitert. Ich finde es vollkommen okay, schlanker sein zu wollen und sich ein Ziel zu setzen, an dem man arbeiten möchte. Aber nicht für die absolute Perfektion. Ich bin nicht perfekt. Manchmal bauen mich meine Likes auch auf, das gebe ich zu. Ich bin nicht vor dem Wunsch nach Anerkennung gefeit. Wir alle haben ihn. Das zu sagen und ehrlich damit umzugehen ist für mich auch Selbstbewusstsein.«*

• • • • • • •

»Ich will ehrlich sein und glaube, es ist auch wichtig – gerade als sogenannter Influencer –, das zu sagen: Social Media ist, obwohl wir natürlich eine Botschaft haben, die darüber hinaus geht, auch eine Scheinwelt. Unser Frühstück sieht nicht jeden Tag so perfekt arrangiert aus. Und auf meinem Boden liegen

auch nicht immer perfekt drapierte Lichterketten. Wir legen natürlich Wert auf schöne Bilder, auf eine gute Bildqualität, so, wie es in Fotostrecken bei Magazinen auch der Fall wäre. Die meisten Frauen, die ihr auf Instagram seht, sehen natürlich nicht immer so aus. Wir leben in Zeiten von Photoshop. Ich selbst photoshoppe ganz bewusst zwar kaum – außer vielleicht mal einen riesigen Pickel oder einen blauen Fleck –, aber im Allgemeinen wird viel getrickst.

Da werden Beine länger gemacht, Lippen vergrößert, die Augen werden näher zusammengeschoben, und die Haut ist natürlich immer makellos. Lasst mich ehrlich sein: Dass das, was ihr da seht, ein Eins-zu-eins-Abgleich der Realität ist, ist Bullshit. Letztlich passiert auf vielen Profilen natürlich Ähnliches, wie bei Mode-und Beautyfotos auch, nur bringt man das jetzt mit »normalen« Menschen, also der Frau von nebenan, in Verbindung.

Man denkt also: Alle sind perfekt, nur ich nicht. Und ich glaube, hätte ich das als 14-Jährige gesehen, hätte mich das schon fertiggemacht. Und selbst mit 18 hätte ich wahrscheinlich noch gedacht, dass bei den anderen alles schön sei, nur bei mir nicht. Ich rate jedem, dieser falschen Annahme nicht aufzusitzen. Es gibt ja dieses Phänomen, dass Menschen, die jahrelang eine Serie schauen, irgendwann nicht mehr zwischen den Filmschauspielern und den Charakteren unterscheiden können. Man würde sie auf der Straße sehen und sie mit ihrem Seriennamen

ansprechen. So ähnlich ist das auch mit Instagram. Es ist eine realere Darstellung, aber es ist eben nicht die ganze Wahrheit. Sophia und ich zeigen uns aber zum Beispiel gerade in unseren Insta-Stories und auf Snapchat, also in unseren Videos, schon so, wie wir sind. Ich zeige mein Gesicht auch, nachdem ich bei der Kosmetikerin war und es ganz rot und zerdrückt ist. Und lustigerweise kommt das in unserer Community immer am besten an. Ich glaube, es ist erleichternd zu sehen, dass ich eben auch nur ein normaler Mensch bin. Dass man sich mit mir identifizieren kann. Weg von der Scheinwelt hin zum echten Leben. Ich denke, dass auch die Body-Positivity-Bewegung daher kommt. Dieser Druck nach einer perfekten Welt ist einfach zu hoch. Frauen wie wir gehen eben auch mal in ein Burgerrestaurant, wir trinken mal einen über den Durst und haben auch mal schlechte Tage. Und diesem Wunsch nach Authentizität, dem beugt sich die Werbeindustrie ja nun auch. Nehmen wir zum Beispiel die Kampagne eines britischen Modelabels. Dort sieht man Frauen mit verschiedensten Körperformen, und alle sind unretuschiert abgelichtet. Früher wäre das kaum möglich gewesen. Ich denke, Blogger, die sich für ein neues Körperbewusstsein einsetzen, krempeln das Denken eben schon um – dass die Modeindustrie da jetzt so nachzieht, steht sicher auch damit in Verbindung. Unser Ziel ist es zu vermitteln, dass man sich schön fühlen darf – mit einer Kleidergröße 36, aber auch mit einer Kleidergröße 48 oder 50.«

EXKURS
GNTM – »Ich habe heute leider kein Foto für dich!«
....

#NotHeidisGirl war ein von Netzfeministinnen ins Leben gerufener Hashtag, der *Germany's Next Topmodel*-Aushängeschild Heidi Klum entgegenschlug, nachdem sie zur Bewerbung für die kommende Staffel ihrer Erfolgssendung aufgerufen hatte.

»So wie dick nicht für hässlich steht, steht auch dünn nicht für schön«, stand da zum Beispiel auf einem der Protestplakate, oder »Weil ich mehr wert bin als mein Aussehen«. Auch wenn der Einfluss solcher Aktionen gegen eine etablierte Sendung wie *Germany's Next Topmodel* gering sein mag, zeigen sie dennoch, dass Medienformaten, die sich hauptsächlich mit dem Aussehen einer Frau und deren Attraktivität beschäftigen, manchmal eisiger Wind entgegenbläst. Natürlich wissen Mode-Insider, dass eine Unterhaltungssendung wie *GNTM* wenig mit dem wahren Leben von Models in New York oder Paris zu tun hat, und niemandem sei es abgesprochen, die Körper von großen, schlanken Frauen schön zu finden (wir finden das auch schön). Doch dass die Bewertung der Körper von sehr jungen Frauen als Unterhaltungsform gerade auf junge Zuschauerinnen einen schädlichen Einfluss haben kann, ist mittlerweile sogar wissenschaftlich belegt. In einer vom Internationalen Zentralinstitut für Kinder- und Jugendfernsehen geleiteten, bisher größten internationalen Studie zum Einfluss von Fernsehsendungen auf Essstörungen, gaben zwei Drittel der Befragten, zumeist essgestörte Mädchen zwischen 16 und 21 Jahren, an, dass *GNTM* einen sehr starken Einfluss auf ihre Krankheit habe. Besonders problematisch wurden Szenen beschrieben, in denen Körperteile von ohnehin sehr schlanken Mädchen als »zu dick« bezeichnet wurden. Aber nicht nur die Begutachtung und Zurschaustellung der Körper, auch die Botschaft, die hinter den sogenannten Challenges steht, die die Mädchen in jeder Sendung abzuleisten haben, wurde von den Machern der Studie als potenziell schädlich bewertet. Den Teilnehmerinnen werde suggeriert, dass sie jede dieser Challenges überwinden müssten – auch wenn ihnen manche Shootings merklich unangenehm sind. So erklärte Heidi Klum einer Teilnehmerin, die sich weigerte, ein Oben-ohne-Shooting abzuleisten, sie sei im falschen Beruf. Wer Model sein will, müsse sich auch nackt zeigen. Was in der »echten« Modelwelt nicht stimmt – denn ein Model kann sehr wohl angeben, nicht für Akt- oder Teilakt-Shootings angefragt werden zu wollen –, wird in die Dramaturgie der TV-Sendung als absolutes Credo verkauft. Die Botschaft ist klar: Dein Körper ist dein Kapital – und um daraus möglichst viel Kapital zu schlagen, hast du zu tun, was andere von dir wollen – ungeachtet deines eigenen Willens.

»Jede neue Challenge, jede Gestaltung des eigenen Körpers durch Fremde ist mit voller Begeisterung anzugehen. Empfindungen wie Müdigkeit und Kälte oder Gefühle wie Scham, Ekel, Wut oder Angst müssen unterdrückt werden«, so die Studienleiter der IZI.

Für deinen Traum musst du alles geben – auch Dinge, die in dir starke innere Abwehr erzeugen. Dass das eine durchaus problematische Botschaft für junge Mädchen ist, sollte uns gerade in Zeiten, in denen viel über den Machtmissbrauch gegenüber

Frauen diskutiert wird, einleuchten. Was hier vermittelt wird, ist sicher nicht, dass Frauen mit ihrem Körper selbstbestimmt umgehen können – dass ein Nein auch ein Nein bedeutet. Die Macher der Sendung weisen die Kritik, die sich seit Jahren immer wieder regt, übrigens zurück – und verweisen auf den ungebrochenen Erfolg der Sendung.

Nun macht der Erfolg einer Sendung deren Inhalt aber nicht weniger problematisch. Gerade weil hier mit dem Traum vieler junger Mädchen – der letztlich der Wunsch nach Anerkennung ist – gespielt wird, haben Sender und Macher der Sendung sehr wohl eine Verantwortung zu tragen, wenn auch nur eine moralische. Und gerade weil diese Verantwortung offensichtlich nicht ausreichend wahrgenommen wird, sind Gegenstimmen und Kritik wichtig, um falschen Vorstellungen und problematischen Einflüssen auf Körper- und Selbstbild etwas entgegenzusetzen.

Body-Shaming – warum die Sucht nach Perfektion hässlich ist

Per Definition ist Body-Shaming, dass wir einen anderen oder uns selbst für seinen/unseren Körpertyp kritisieren. Und das beginnt schon bei kleinen Bemerkungen wie: »Dir schmeckt es aber zur Zeit gut, oder?« Oder dem mehr oder minder subtilen Tuscheln hinter vorgehaltener Hand, der Aussage, dass die Kollegin oder Bekannte ja ein ganz schönes Bäuchlein bekommen habe etc. Body-Shaming endet manchmal in regelrechtem Mobbing. Wenn jemand körperlich nicht ins ideale Bild passt, nicht zur Norm gehört, wird er oft gnadenlos daran erinnert.

Der Wunsch nach Veränderung und Wachstum kann durchaus gesund und konstruktiv sein, wäre er nur öfter an das Bild von inneren Einsichten und Werten gebunden als an das perfekte Aussehen. So sind wir vielleicht mit unserem Leben nicht zufrieden und würden gern etwas verändern. Zu oft beginnen wir damit, unsere Körper als nicht gut genug zu betrachten, anstatt in die Tiefe zu gehen und herauszufinden, was vielleicht wirklich nicht stimmt oder wie wir glücklicher und bewusster leben können. Jeder kann und sollte an sich arbeiten dürfen, und körperliche Aktivität tut gut. Wer einen schlankeren oder fitteren Körper möchte, kann daran arbeiten. Aber dieses Arbeiten kann ohne Body-Shaming geschehen.

Denn wenn wir uns selbst niedermachen, weil wir unser Körperziel noch nicht erreicht haben, dann glauben wir, wir hätten weniger Liebe und Selbstfürsorge verdient, nur weil wir so aussehen, wie wir aussehen. Motivation zur Veränderung und Body-Shaming sind zwei paar Schuhe. Wenn wir beginnen, unseren Wert an unseren Körpern festzumachen, kommen wir in die Body-Shaming-Falle. Und diese Falle hat uns mittlerweile fast alle »be-fallen«: Es ist zur gesellschaftlichen Norm geworden, sich über seinen Körper zu beschweren. Es gehört zur Normalität, dass sich Frauen untereinander erzählen, was sie an sich alles nicht leiden können. So entsteht ein Wir-Gefühl unter dem Drucks des Idealbilds. Geteiltes Leid ist ja bekanntlich halbes Leid.

So werden gerade Frauen, die zu sich stehen und offen sagen, dass sie sich schön finden, eher schief angesehen als eine Frau, die sich ablehnt und ständig an sich herummäkelt. Eine Frau, die mit Selbstbewusstsein von sich behauptet, mit sich im Reinen zu sein, und sich mit sich wohlfühlt, Komplimente selbstverständlich annimmt, ohne sie mit einem »nun ja, so toll bin ich nun auch nicht« abzuschwächen, wird ganz schnell als eingebildet bezeichnet. Es ist schon seltsam: Wir sollen also die Perfektion anstreben, uns aber bloß nicht für perfekt halten, so, wie wir sind. Es gibt viele Arten von Body-Shaming. Wir kritisieren zum Beispiel Teile unseres Körpers oder unseren gesamten Körper beim Blick in den Spiegel – immer gemessen an den Vorstellungen, was angeblich schön ist und was nicht: »Sie dir mal diese Hüften an, ich habe überhaupt keine Form.« – »Sie hat eine viel bessere Figur als ich.« – »Meine Haut ist unrein und uneben, und niemand wird mich so mögen.«

Auch Abwertungen der eigenen Person sind an der Tagesordnung: »Na, du kannst es ja tragen. Aber ich mit meinem Bauchspeck habe nicht die passende Figur.« Wir begegnen uns selbst oft mit einer Härte, mit der wir anderen niemals begegnen würden. Es gibt aber auch jene, die andere hart angreifen, was in richtiges Mobbing ausarten kann – heutzutage oft in Form von Cybermobbing. Was im Netz oft verniedlicht als »trollen« bezeichnet wird, ist oft eine besonders perfide Art und Weise, auf andere in einer üblen Art und Weise einzuhacken. Im Schutz der Anonymität oder der Sicherheit, für die eigenen Aussagen nicht wirklich zur Rede gestellt zu werden, lassen sich viele Menschen zu Beleidigungen verleiten, die man fast als menschenverachtend bezeichnen kann.

Es scheint so, als sei der Mensch, den es betrifft, nicht real. Denn das fühlt sich vor einem Screen sitzend womöglich auch so an. Das Leid des Empfängers der Botschaften muss nicht gesehen, nicht ausgehalten werden.

Gerade Verena hat in ihrem Leben immer wieder mit Mobbing und Body-Shaming zu kämpfen gehabt – erst »analog«, während der Schulzeit, und später auch im Netz – bis zum heutigen Tag. Wer häufig gesagt bekommt, er sei nicht richtig so, wie er ist, oder zur Zielscheibe übler Beleidigungen wird, leidet oft noch viele Jahre später unter den Verletzungen. Sich zu vergraben und die Lebenslust zu verlieren ist für viele Mobbingopfer leider eine Folge der seelischen Narben. Verena aber sagte sich irgendwann: »Es reicht!« Sie hat sich entschieden, auf die Menschen zu hören, die respektvoll und liebevoll mit ihr umgehen, und sich von denjenigen, die meinen, sie müssten mit Verletzungen und nicht mit konstruktiver Kritik an sie herantreten, so gut wie möglich zu distanzieren und sich vor ihnen zu schützen.

»Ich war in meinem Leben Opfer von zahlreichen Body-Shaming-Attacken. Als ich vor zweieinhalb Jahren mein allererstes Bikinibild auf Instagram hochgeladen habe, hat mich das unfassbar viel Überwindung gekostet. Und meine Sorgen waren berechtigt. Kurz danach traf der erste große Shitstorm ein. Body-Shaming deluxe würde ich das nennen. Kostprobe gefällig?

›Hashtag Schwein. Hashtag Diät. Schau dich mal an, du fette Sau. Was bist du denn für ein Hagelschaden? So würde ich niemals vor die Türe gehen.‹

BIS HEUTE VERGEHT EIGENTLICH KEIN TAG,

an dem ich nicht irgendeinen Kommentar unter einem meiner Bilder auf Instagram oder Facebook finde, der auf eine Verletzung aufgrund meines Aussehens abzielt.

Was ich sehr schade finde, ist, dass die meisten Kommentare dieser Art von anderen Frauen stammen. Sie machen sich über mich lustig oder verlinken eine andere Freundin mit einem lachenden Emoji. Wenn zum Beispiel irgendwo ein Artikel oder ein Bild von mir auf Facebook erscheint, lese ich natürlich auch die Kommentare darunter. Ich erinnere mich an einen Bericht über mich und eine andere Plus-Size-Bloggerin beim Onlinemagazin Promiflash. Wir sind gemeinsam mit Bonnie Strange in einer Video-Style-Kolumne erschienen. Ich glaube, da gab es das schlimmste Body-Shaming, das ich je erlebt habe. Man nannte mich (wieder einmal) einen Riesen und einen fetten Gollum, angelehnt an das Monster in Herr der Ringe. Wir sollten uns doch schämen für unser Aussehen und uns eine Tüte über den Kopf ziehen. In einem anderen Artikel über mich ging es dann in den Kommentaren um meine Gesundheit. Wenn man dick ist, ist man für viele Menschen automatisch ein Diskussionsobjekt. Da ging es dann darum, dass ich sicher krank sei, Diabetes bekommen würde und Gelenkprobleme hätte. Manche schreiben, dass ich den Krankenkassen auf der Tasche läge, weil ›fette Menschen‹ diese ja wahnsinnig viel Geld kosten würden. Ich würde mir manchmal wünschen, dass diese Diskussionen gemäßigter und mit nachweisbaren Belegen ablaufen könnten. Ich möchte diesen Kommentatoren dann gern sagen: ›Poste doch eine Studie darüber, wie viel dicke Menschen die Krankenkassen wirklich kosten, anstatt mir Dinge zu unterstellen und zu trollen.‹ Ich weiß selbst, dass ich dick bin, und ich weiß natürlich auch, dass ich einen Diabetes entwickeln könnte. So wie Menschen, die viel trinken, rauchen, Fleisch essen oder arbeiten, auch Folgekrankheiten entwickeln können. Mein Blutbild ist in Ordnung, und manchmal würde ich das den Leuten, die mich von vornherein so abstempeln, gern zukommen lassen.

Die meiste Zeit störe ich mich nicht mehr an solchen Kommentaren. Vor allem, weil ich mich an den vielen positiven Kommentaren und den Menschen, die mich lieben, orientiere. Wenn ich mich dann doch einmal online rechtfertige, ärgere ich mich im Nachhinein meist nur, weil es verschwendete Liebesmüh ist. Ich weiß ja, dass ich für diese Menschen eine Art Projektionsfläche bin. Ich muss aber ehrlich zugeben: So, wie ich als Person für die Angreifer wohl nicht richtig ›real‹ bin, sind die Trolle es für mich auch nicht. Wenn aber nun 40 Menschen direkt vor mir stehen und mich beschimpfen würden, würde ich wahrscheinlich doch weinen. Natürlich bricht man unter der Last der Attacken irgendwann ein. Trotzdem: Wenn ich diesen Menschen etwas sagen könnte, dann wäre es, dass ich ihr eingeschränktes Weltbild einfach nur bemitleidenswert finde.

Letztens hörte ich eine Radiosendung, in der ein Münchner Agenturchef seine abschätzige Meinung über Dicke kundtat. Er würde natürlich niemals eine Frau mit Kleidergröße XXL für sich arbeiten lassen, denn dann würden ihm die Kunden davonlaufen. Ich saß ungläubig vor dem Radio und habe mich gefragt, wie viele

Menschen eigentlich noch mit dem Bild der ›dicken, ungepflegten Frau‹ im Kopf herumlaufen und wie hoch die Dunkelziffer der Diskriminierung aufgrund eines bestimmten Aussehens bei der Jobsuche ist. Ich hätte ihm am liebsten gesagt: ›Ja, du Arsch. Auch dicke Frauen pflegen sich, ziehen sich modisch an und haben was auf dem Kasten.

Ich lasse mich weder von dir noch von einem anderen in das Bild DER DICKEN MIT SCHLABBER-KLAMOTTEN UND SELBSTZWEIFELN drängen.

Und ich lasse mir auch nicht gefallen, dass Menschen denken, es sei normal, meinen Körper andauernd zu kommentieren und ihn zu einer Projektionsfläche für ihre Frustrationen und engstirnigen Denkstrukturen zu machen. Es ist mein Körper, und ich zeige ihn, wie, wann und so oft ich will. Jede Frau sollte das dürfen, ohne sich ständig abschätzenden Kommentaren ausgeliefert zu sehen. Ich bin genauso selbstbewusst wie schlanke Frauen. Ich finde mich hübsch, und ich finde mich schlau, und ich kann eine Agentur auch mit Kleidergröße XXL hervorragend vertreten. Wenn du den beruflichen Wert einer Frau an der Größe ihres Hinterns festmachst, kann ich nur müde lächelnd und an der Größe deines Gehirns zweifeln.‹«

EXKURS
Die Folgen von Mobbing

··

Ob man mit Worten verletzt wird, Ausgrenzungen erlebt oder als Lachobjekt behandelt wird – Mobbing ist immer grausam, gerade wenn es im Kindesalter beginnt. Denn die Folgen der seelischen Belastung werden oftmals mit in das Erwachsenenleben getragen und können im schlimmsten Fall zu ernsthaften psychischen Erkrankungen führen. Jeder Mensch will die Anbindung an eine Gruppe. Für Kinder – das haben wir ja schon mehrfach betont – ist das ganz besonders wichtig. In einer Studie der Wissenschaftler Timothy Singhan und Jean-Baptiste Pingault, deren Ergebnisse im Fachmagazin *Jama Psychiatry* veröffentlicht wurden, zeigt sich, wie belastend diese soziale Ausgrenzung für Kinder wirklich ist. Die beiden Forscher des University College London haben 11.000 Kinder im Alter zwischen elf und 16 Jahren auf ihren körperlichen und seelischen Zustand untersucht. Die Ergebnisse zeigten, dass Kinder, die im Alter von elf Jahren Opfer von Mobbingattacken waren, in den folgenden Jahren verstärkt unter Ängsten, Impulsivität, Depressionen und Aufmerksamkeitsdefiziten litten. Auch in der Erziehung wurden diese Kinder zu sogenannten Problemkindern. Das heißt allerdings nicht, dass jeder, der Mobbing erfahren hat, für den Rest seines Lebens unter den Folgen leiden wird. So spielen laut dieser Studie die Umwelt, die Gene und die Konflikterfahrungen in der eigenen Familie bei der Bewältigung von Mobbing eine Rolle. Kinder, deren Verletzlichkeit früh erkannt und deren Resilienz gestärkt wird, leiden oft kürzer an den Folgen von Mobbing.

Laut der Weltgesundheitsorganisation (WHO) wurden weltweit circa 30 Prozent aller Kinder schon mal gemobbt. Die Gewalttaten, aber auch die Suizide unter dieser Gruppe nehmen zu. Weitere Folgen von Mobbing sind laut WHO Probleme in der Schule, psychosomatische Beschwerden und ein geringes Selbstwertgefühl. Diese Daten zeigen, wie wichtig es ist, Mobbing zu unterbinden und all jene Menschen, die darunter leiden, zu schützen und zu bestärken.

Der Kampf gegen Body-Shaming – Dicke sind faul, ungesund und hässlich?

Verenas Beispiel des Agenturchefs ist natürlich kein Einzelfall, denn Vorurteile gegenüber dicken Menschen ziehen sich quer durch die Gesellschaft. Dicke Menschen, so meint man, sind willensschwach und faul, unbeweglich, leben ungesund, sind körperlich krank, unhygienisch, sind nicht modisch gekleidet, nicht sexy und auch nicht zart. Für manche gehört es fast zum guten Ton, sich über dicke Menschen lustig zu machen, und auf der Straße ernten Menschen mit einem fülligen Körperbau oft abschätzige Blicke. Die Verhaltensmedizinerin Anja Hilbert von der Universität Leipzig erforschte die Stigmata, denen sich dicke Menschen ausgesetzt sehen. Und fand heraus, dass die Mehrheit der deutschen Bevölkerung immer noch viele negativ besetzte Annahmen gegenüber Übergewichtigen hegt. Auch in der Arbeitswelt werden Dicke diskriminiert, das zeigt sich sehr schön am Beispiel unseres Agenturchefs.

Vor allem dicke Frauen sind es, so die Ergebnisse einer Studie der Universität Tübingen, die von Personalentscheidern als weniger kompetent und gebildet eingeschätzt werden. Selbst dann, wenn die jeweiligen Personen einen höheren Bildungsabschluss hatten als schlankere Mitbewerber. Und auch Ärzte zeigten in Studien eine stärkere Abneigung gegen Übergewichtige. In der Schule werden übergewichtige Kinder häufig ausgegrenzt und fühlen sich oft viele Jahre isoliert. Dicke, so glaubt man gemeinhin, sind ja selbst schuld an ihrem Schicksal. Wenn sie nur wollten, könnten sie abnehmen und schlank werden. Das wird übrigens zum einen von vielen Medizinern bezweifelt, da es das Zusammenspiel aus Genetik und Umweltfaktoren dicken Menschen deutlich schwerer macht, ein Normalgewicht zu erreichen und zu halten, denn viele leiden am Jo-Jo-Effekt, der trotz zahlreicher Diäten immer wieder einsetzt. Zum anderen geht der Großteil der Bevölkerung scheinbar davon aus, dass dicke Menschen unbedingt schlank sein sollen oder wollen. Dass man sich lieben und akzeptieren, ja sogar schön finden kann, obwohl oder weil man dick ist oder weil man vielleicht einfach Wert auf andere Dinge legt als auf das Körpergewicht, ist ein Paradigmenwechsel, der sich nur langsam vollzieht. Aber er vollzieht sich – auch mit großer Hilfe der Body-Positivity-Bewegung.

Warum »dick« (k)ein Schimpfwort ist

Wenn man ganz ehrlich zu sich ist, kommt einem das Wort »dick« als Beschreibung über einen Menschen oder vielleicht sich selbst gar nicht so leicht über die Lippen, denn es ist ganz klar negativ konnotiert. Während wir keine Probleme damit haben, zum Ausdruck zu bringen, dass ein Mensch schlank ist – es meist sogar als Kompliment verstehen –, kommt uns wohl kaum in den Sinn, einer Kollegin beim Vorbeilaufen anerkennend zuzunicken und zu rufen: »Oh wow. Susi, du bist aber dick geworden. Wie hast du das geschafft?« Dicksein, nein, das kann einfach nicht erstrebenswert sein. Dicke Menschen, so glaubt man, sind von ihrem Gewicht betroffen, müssen sich schämen oder hegen zumindest heimlich den Wunsch, schlanker zu sein. Ein selbstbewusster dicker Mensch, der sich auch noch schön findet und nichts an sich verändern möchte? Ein dicke Frau, die sich sexy fühlt und das auch zeigt und lebt? Eine kurvige, mollige oder dicke Frau, der es vollkommen egal ist, ob ihr irgendjemand die Erlaubnis gibt, einen Bikini zu tragen oder nicht? Kann nicht sein! Nein, Dicke, so glaubt man, sind in Wahrheit mit Sicherheit total frustriert wegen ihres Aussehens. Hätten sie nur einen Wunsch frei, würden sich »die Dicken« mit Sicherheit wünschen, endlich rank und schlank zu sein. Dass dem nicht (immer) so ist, zeigen zunehmend Frauen, die sich für ein positives Körperbild einsetzen. Und auch dafür, dass das Wort »dick« im allgemeinen Sprachgebrauch nicht mehr als ein negativ aufgeladener Begriff verstanden wird. Denn »dick« ist nicht das Äquivalent zu »hässlich«.

Die Burlesque-Tänzerin Lillian Bustle bringt es in ihrem TED-Talk auf den Punkt, in dem sie äußert: »Ich bin dick. Dieses Wort benutze ich, um mich selbst zu beschreiben. Und ich sage es nicht, um mich damit herunterzumachen. Und ich sage es ganz sicher nicht, damit mir jemand sagt: ›Oh nein, du bist doch gar nicht dick.‹ Keiner sagt einer großen Person, dass sie gar nicht groß ist, weil wir ›groß‹ nicht für ein Schimpfwort halten.«

Dieses Beispiel ist deshalb so faszinierend, weil es zeigt, wie sehr das Wort dick mit negativen Eigenschaften in Verbindung gebracht wird. Kaum einer käme auf die Idee, sich selbst nicht als klein oder groß zu bezeichnen, wenn er eben klein oder groß ist. Weil wir damit im Allgemeinen nicht so starke negative Emotionen in Verbindung bringen. Wir versuchen nicht, um diese Begriffe herumzureden oder sie zu verniedlichen. Es besteht dazu auch kein Grund. Beim Dicksein ist das anders. Wenn nun aber eine dicke Frau von sich sagt, dass sie dick ist, ohne sich dafür zu schämen, dann ist es, weil sie ihr Dicksein nicht als etwas betrachtet, wofür man sich schämen müsste. Dick heißt einfach dick. Nicht mehr und nicht weniger. Nicht das Dicksein oder das Wort »dick« sind also das Problem, sondern der Rattenschwanz an Überzeugungen, der mit diesem Wort zusammenhängt.

Die Vorurteile des Agenturchefs, der glaubt, eine dicke Frau könne sein Geschäft nicht repräsentieren, weil sie von ihm nicht mit Lifestyle in Verbindung gebracht wird, sind das Problem. Der Glaube, dicke Menschen seien ungepflegter als schlanke, ist das Problem. Die Art und Weise, wie dicke Menschen in den Medien dargestellt werden, ist das Problem. Die Annahme, dicke Menschen können sich nicht gut bewegen, ist das Problem.

Gezeigt wird häufig immer noch das, was das Vorurteil bestätigt. Wenn ein dicker Mensch dieses Vorurteil nicht erfüllt, scheint das für viele immer noch ein wahres Wunder zu sein. Dass man zum Beispiel dick und sportlich sein kann, ist für viele immer noch ein Widerspruch. Als die 15-jährige Tänzerin Lizzy Howell ein Ballettvideo von sich ins Netz stellte, wurde es zum viralen Hit. Nicht nur, weil sie wunderschön tanzt, sondern weil sie wunderschön tanzt und übergewichtig ist. Dass auch dicke Menschen sich filigran bewegen können, scheint mit einem absoluten »Wow«-Effekt einherzugehen. Lizzy selbst, die unter einer seltenen Erkrankung leidet, möchte aber eben nicht als die

»übergewichtige Tänzerin« bekannt werden. Sie sagt, sie steht für eine Gleichstellung von schlanken und dicken Tänzerinnen ein. Sie will nicht »die Dicke, die tanzen kann« sein. Sie will kein Zirkuspferd sein. Sie ist eine gute Tänzerin, die dick ist. Nicht die Tatsache, dass sie eine gute Tänzerin ist, ist das Besondere. Das Besondere ist, dass Lizzy sich zeigt, obwohl sie für ihren Traum aufgrund all der Stigmata und Vorurteile doppelt so hart kämpfen muss. Ihr Anliegen: Den Bullys zeigen, dass man seiner Passion folgen kann, egal, wie oft sie dir erzählen, dass du etwas nicht kannst. Es gibt sicher viele Menschen, die sich von solchen Aktionen inspiriert fühlen. Denn viele hören irgendwann auf, an ihre Träume zu glauben, weil man ihnen sagte, dass sie etwas aufgrund ihres Äußeren nicht könnten, oder sie in eine Schublade gepackt wurden. Und so trauen sie sich schon gar nicht mehr, an etwas zu glauben, was außerhalb dieser Schublade liegt.

Übergewichtige, so zeigen uns auch die Medien, sind allenfalls lustige Comedians, Kommissare oder ältere Onkel. Ihnen hängt immer ein gewisser Spott an. Ernste und vielschichtige Rollen in Filmen werden meist nicht mit dicken Menschen besetzt. Fast so, als müsste ein dicker Mensch sein körperliches »Defizit« mit einer besonders sympathischen Eigenschaft wettmachen.

DICKE NACHRICHTENSPRECHER ODER MODERATOREN?

Man muss sie wie die Nadel im Heuhafen suchen.

Dass Menschen unterschiedlichster Körperformen modisch, sinnlich, stark, sexy oder begehrenswert sein können, ist in der allgemeinen Wahrnehmung noch nicht angekommen. Die dicke Ulknudel ist eine Rolle, die manch dicke Frau dann auch in ihrem eigenen Leben annimmt. Würden wir mehr kurvige Frauen in verschiedenen Rollen sehen, würde sich das Bild wahrscheinlich ändern. Aber man hält das für die Norm, was einem als Norm präsentiert wird.

Die Musicaldarstellerin Marja Hennicke erzählte in einem Portrait von *Welt Online*, dass ihr beim Vorsprechen an den Hochschulen offiziell näher gelegt wurde abzunehmen. Dicke Frauen in ganz »normalen« Rollen sind auf der Musicalbühne immer noch eine Seltenheit. Trotzdem ließ sie sich nicht von ihrem Traum abbringen und studierte Musical in Wien. Die Rollen, für die sie vorsprechen darf, sind aber trotzdem meist Charakterrollen und nicht die Rollen, die gemeinhin mit Schönheit in Verbindung gebracht werden. Trotzdem: Auch Marja hat die Erfahrung gemacht, durch den Glauben an sich und ihren Traum zum Vorbild werden zu können. Nach einer Aufführung wurde sie von einem fülligeren Mädchen angesprochen, das ihr mitteilte, von ihr zum Tanzunterricht inspiriert worden zu sein. Sie wüsste nun, dass man auch mit einem Körper, der nicht dem gängigen Idealbild entspricht, glücklich sein kann. Wem gezeigt wird, dass es funktionieren kann, der glaubt auch plötzlich wieder daran.

Auch das ist ein Teil des Kampfes gegen Body-Shaming. Die Komikerin Ilka Bessin hatte mit ihrer Kunstfigur »Cindy aus Marzahn« viele Jahre die Rolle der lustigen Dicken für sich gepachtet. Nachdem sie diese Rolle abgelegt hatte, tauchte die ein Meter neunzig große Berlinerin als sie selbst in der Öffentlichkeit wieder auf – ohne auch nur ein bisschen auf Ulknudel zu machen. Die 45-Jährige brachte ein Plus-Size-Label auf den Markt und zeigte sich in der Zeitschrift *Gala* hüllenlos und selbstbewusst. Sie habe sich früher oft geschämt, wolle aber heute zeigen, dass es das Wichtigste sei, sich selbst zu lieben und zu sich zu stehen. Cindy aus Marzahn habe sie zu einem selbstbewussteren Menschen werden lassen, als sie merkte, dass die Menschen sie und das, was sie machte, schätzten, und das nicht nur, weil sie auf der Bühne lustig sei.

EXKURS
Immer mehr Stars wehren sich

Viele Prominente, deren Körper Ziel von Body-Shaming geworden sind, nutzen ihre Vorbildfunktion und haben der Körperkritik den Kampf angesagt. Die Sängerin Demi Lovato zum Beispiel hat sich hüllenlos und unretouchiert ablichten lassen. Ihr ganzes Leben habe sie unter Selbstwertproblemen gelitten, so Demi. Mittlerweile fühle sie sich wohl in ihrer Haut und lasse sich von Menschen, die ihr vorwerfen, sie sei zu dick, nichts mehr gefallen. Aber auch das Zu-dünn-Sein wird immer wieder öffentlich kritisiert – das ist besonders verletzend, da sehr dünne Frauen keinen Einfluss auf ihren Stoffwechsel haben und umsonst versuchen zuzunehmen.

Die Schauspielerin Emma Watson setzt sich schon lange öffentlich für die Belange von jungen Frauen ein. Sie selbst wurde immer wieder dafür kritisiert, zu dünn zu sein. Kommentare, die nicht spurlos an ihr vorbeigingen, gerade weil ihr ihre Vorbildfunktion für Frauen so wichtig ist, wie sie in einem Tweet betonte. Die Komikerin Amy Schumer, die für ihre kurvige Figur bekannt ist, postete nach Kritik an ihrem Körper auf Twitter ein Nude-Bild von sich und schrieb dazu: »Ich trage Größe 38/40, und ich habe wirklich keine Pläne, dies zu ändern. Das ist es. Bleibt dran oder haut ab.« Und auch die Sängerin Rihanna zeigt, wie man mit Body-Shamern umgeht: Sie ignoriert sie. Nachdem sich ihr sehr schlanker Körper veränderte und deutlich kurviger wurde, dachte Rihanna gar nicht daran, ihre Figur zum Thema zu machen. Sie zelebriert ihren Körper wie eh und je auf allen sozialen Medien. Sich der Figur angemessen kleiden? Rihanna hält von solchen Moderegeln der Fashion-Polizei nicht viel und hat nichts an ihrem Kleidungsstil verändert. Und auch Kim Kardashian (ja, man kann sie kritisieren) setzte sich zur Wehr, als es um ein Thema ging, das viele Frauen beschäftigt: das Abnehmen nach einer Schwangerschaft. Nachdem immer wieder Bilder von ihrer Figur nach ihrer Schwangerschaft kursierten und sich Medien und User über ihre Pfunde lustig machten, schrieb Kim in einem Tweet: »Jeder, der ein Baby bekommen hat, weiß, wie schwer es ist, Gewicht zu verlieren ... der eigene Körper verändert sich komplett! Ihr solltet euch schämen, Witze über mich zu reißen, während ich schwanger bin, und Witze über mich zu reißen, während ich versuche, Gewicht zu verlieren. Ich bin nicht perfekt und werde euren Skinny-Standards niemals entsprechen.«

Die öffentliche Auseinandersetzung von Prominenten mit diesem Thema ist deshalb so wichtig, weil sie enorm starke Botschaften an alle Frauen und Männer weltweit sendet. Diese Frauen zeigen: »Ich lasse meinen Körper nicht ständig zum

Diskussionsobjekt machen, sobald er nicht euren Standards entspricht oder sobald er sich verändert. My body, my rules. Kommt damit klar oder lasst es.« Und hier zeigt sich die Veränderung in den Köpfen vieler Frauen und ihr Wunsch, nicht mehr einem Diktat zu folgen, das sich irgendwann einmal durchgesetzt hat.

Wer Body-Shaming betreibt, hat oft ein Problem mit dem eigenen Selbstwert

Body-Shaming, das mit harschen Worten auf einen anderen Menschen abzielt – mit der Intention, ihn aufgrund eines oder mehrerer körperlicher Merkmale zu verletzen –, kann man eigentlich als eine Form des Mobbings bezeichnen. Natürlich trägt der Körperwahn massiv dazu bei, dass gerade das Aussehen eines anderen Menschen zur Zielscheibe gemacht wird. Was wir uns bei jeder Form dieser Attacken aber auch bewusst machen sollten, ist, dass die Gründe für den Angriff oft ganz woanders liegen als tatsächlich beim Opfer dieser Angriffe. Was von anderen kritisiert wird, ist ja sehr willkürlich und von Doppelmoral geprägt. So wird eine Frau dafür gelobt, richtige Kurven zu besitzen, während eine andere als »zu fett« bezeichnet wird oder als »viel zu dürr«. Steht man im Konflikt mit einer anderen Person, ist Body-Shaming oftmals vielleicht nur ein Mittel, um die eigenen Verletzungen, die aus einem Konflikt entstanden sind, auf eine nicht sehr konstruktive Art und Weise zu vermitteln.

Anstatt also zum Beispiel offen zu sagen, was wirklich in der eigenen Gefühlswelt passiert – dass man sich durch ein bestimmtes Verhalten abgewiesen oder nicht ernst genommen fühlt –, folgt er Angriff auf das Aussehen des anderen, nach dem Motto: »Angriff ist die beste Verteidigung.« Weil das Aussehen so einen hohen Stellenwert in unserer Gesellschaft besitzt oder es zumindest für den Angreifer oder die Mobbingopfer eine Rolle spielt, greift man deshalb womöglich besonders gern auf das Äußere als Zielscheibe zurück.

Letztlich ist ein Angriff, der gezielt verletzen soll, meist auf eine eigene Verletzung oder eigene Unsicherheiten zurückzuführen. Wer mit sich selbst im Reinen ist und sicher im Sattel sitzt, greift nicht unter der Gürtellinie an. Auch Menschen, die als sehr schön gelten, werden manchmal zu Mobbingopfern, und auch das hat meistens mit den eigenen Unsicherheiten des Täters zu tun. Dann sind es eben andere Dinge, die als Angriffspunkt herangezogen werden. Dann ist die schöne Frau eben dumm, denn es kann ja nicht sein, dass sie schön und schlau ist. Und selbst wenn sie schön und schlau ist, dann stimmt bestimmt irgendetwas anderes nicht mit ihr. Wer angreifen will, findet einen wunden Punkt. Natürlich bedeutet das Verständnis über die Ursachen der Angriffe nicht, dass man Body-Shamern nicht entschieden entgegentreten oder sie sogar ignorieren sollte, falls man sich auf diese Art der Kommunikation gar nicht einlassen will. Aber es ist wichtig, bestimmte Dinge auch beim anderen lassen zu können und sich nicht infolge der Angriffe immer weiter auch selbst abzulehnen. Das ist natürlich leichter gesagt, als getan, und soll die Folgen von Body-Shaming nicht unbedeutend wirken lassen.

Aber trotzdem ist gut, sich selbst immer wieder bewusst zu machen: Wer die eigenen Gefühle abwehren will oder mit eigenen Frustrationen zu kämpfen hat, der wird beim anderen immer einen Grund finden, ihn anzugreifen oder seine Frustrationen auf ihn zu projizieren. Sei es, dass das Aussehen eines Menschen abgewertet wird oder dessen angebliche Schwächen und Fehler angeprangert werden.

Es gibt Menschen, die uns verletzen wollen, aber es gibt auch Menschen, Familie und Freunde, die uns lieben und wertschätzen, so, wie wir sind. Und auch das Suchen einer Community, die sich für ein positives Körperbewusstsein einsetzt, kann sich sehr unterstützend auf unser Selbstwertgefühl auswirken. Zum Glück gibt es heute viele Gegenbewegungen zu Körperwahn und Body-Shaming. Bewegungen, die sich für ein Miteinander einsetzen, das von Respekt und Unterstützung geprägt ist, egal, in welcher Form der Einzelne in Erscheinung tritt.

Body Positivity 101 – Worum geht es hier überhaupt?

Wenn man den Begriff »Body-Positive« auf einen Satz herunterbrechen könnte, dann wäre die Kernaussage dieser Bewegung, dass alle Körper es verdient haben, geliebt oder akzeptiert zu werden. Die Bewertung »Mein Körper sieht gut oder nicht gut aus« wird durch das Wissen

»MEIN KÖRPER IST ES WERT,

geschätzt und respektiert zu werden, egal, wie er aussieht«

ersetzt. Es ist die Gegenantwort auf das, was uns viele Jahre erzählt wurde: dass nämlich nur bestimmte Körper »gute« Körper sind. Die Aussage »Wow, du hast aber einen tollen Körper« ist in unseren Köpfen immer noch stark mit bestimmten Bildern einer bestimmten Ästhetik verknüpft. Die Body-Positive-Bewegung will diese festen Konstrukte aufweichen und um vielfältige Bilder erweitern. Es geht nicht darum, die anderen Bilder zu eliminieren, denn das würde bedeuten, dass wir – und das ist in den letzten Jahren leider auch immer wieder falsch verstanden worden – beginnen, plötzlich schlanke Körper als negativ zu bewerten.

»Du Klappergestell« oder »echte Frauen haben Kurven« anstatt »Fettwanst« oder »Pummelchen« zu sagen ist nicht positiv und nichts anderes als die Art von Body-Shaming, die zu einem Teufelskreis aus Be- und Verurteilungen beiträgt. Die Body-Positive-Bewegung will aber, dass jeder, wirklich jeder, unabhängig von Hautfarbe, Religion, Behinderungen, Geschlecht und Sexualität, dazu ermutigt wird, sich und seinen Körper wertzuschätzen.

Das Body-Positive-Movement nimmt uns, wenn wir mal wieder verzweifelt sind, weil wir nicht der Model-Norm entsprechen oder Body-Shaming erfahren haben, wie eine beschützende Löwenmama zur Seite und sagt: »Moment mal. Wer hat dir erzählt, dass mit dir etwas nicht stimmt? Du hast einen wunderbaren Körper, den es zu akzeptieren und respektieren gilt. Du hast weder Scham noch Schmach verdient.«

Die Bilder, die wir täglich sehen, haben Macht. Genauso wie die Überzeugungen, die wir über Jahre angehäuft haben. Das

Ziel der Body-Positive-Bewegung ist es, die Box, auf der lange Jahre »gute Körper« stand, aufzubrechen und ihren Inhalt wild durchzumischen. Im Grunde geht es um Selbstbestimmung, es geht um Freiheit. Es ist ein entschiedenes »Nein!« zu einer vorgefertigten Maßtabelle, ein »Nein!« zu einer vorgefertigten Definition, was Schönheit ist, was ideal ist, was weiblich ist und was wir angeblich tun müssen, um endlich anerkannt zu sein. Es ist letztlich auch ein »Nein!« zu der Annahme, dass Schönheit nur etwas mit Äußerlichkeiten zu tun hat.

Für Connie Sobczak und Elizabeth Scott, Gründerinnen der Bewegung, ist Body-Positivity ein Lebensgefühl, das auch viel mit Gesundheit und Wohlbefinden zu tun hat. Und diese Veränderungen im Lebensgefühl erreicht man durch eine Einstellung, die dem eigenen Körper Unterstützung und Fürsorge zukommen lässt. Nicht nur Frauen sollen sich davon angesprochen fühlen, sondern auch Männer. Denn auch Männer werden mit Stereotypen von Schönheit in die Ecke gedrängt. Nur wird das weniger häufig thematisiert.

Ihr Ziel ist es, »eine Welt zu erschaffen, in der Menschen vom Selbsthass befreit werden, ihre eigene Schönheit und Identität wertschätzen und ihre Energie und ihren Intellekt dazu nutzen, positive Veränderungen in ihrem eigenen Leben und in der Gemeinschaft voranzutreiben«. Mittlerweile ist das Body-Positive-Movement in aller Munde und wird auch immer wieder kritisiert. Einer der Kritikpunkte ist, dass die Bewegung eine Art Immunität gegen den Druck propagiert, der uns von der Gesellschaft gemacht wird. Die Bewegung, so manche Kritiker, ist wie ein Pendel, das in die andere Richtung ausgeschlagen hat. Es verschafft eine Atempause nach Jahren der Ungerechtigkeiten und Versuche, den eigenen Körper zu verändern und ihn einem Ideal gerecht werden zu lassen. Endlich, so scheint es, darf man sich selbst lieben und hat auch eine ganz offizielle Erlaubnis dazu, sich gegen den Schönheitswahn aufzulehnen. Aber dieses »Du sollst dich lieben« bedeutet für viele Menschen, sich erneut einem Konzept zu unterwerfen, das für sie möglicherweise unrealistisch ist.

Body-Positivity vs. Body-Neutrality

Sich selbst zu lieben sollte nicht zum allgemeingültigen Anspruch für jeden Menschen werden, der gern eine neue Beziehung zu seinem Körper aufbauen möchte. Deshalb plädieren immer mehr AktivistInnen und AutorInnen dafür, den Begriff »Body-Positive« um ein »Body-Neutral« zu erweitern. Den eigenen Körper ohne Wenn und Aber zu zelebrieren kann Menschen, die zum Beispiel mit starken körperlichen Problemen oder einer sehr starken Selbstablehnung zu kämpfen haben, immens unter Druck setzen.

Wer jahrelang mit regelrechtem Selbsthass auf den eigenen Körper reagiert hat, sich unter Schlabberklamotten versteckt hat und einfach keinen Frieden mit dem eigenen Körper schließen konnte, dem sollte nicht aufgedrängt werden, seinen Körper plötzlich lieben zu müssen. Denn der (einfache) Lösungsvorschlag »Liebe dich so, wie du bist« kann erneut zu einem Perfektionsanspruch führen, der am Ende nur kontraproduktiv wirkt. Wenn ich mich nicht einfach so lieben kann, wie ich bin, fühle ich mich am Ende wieder als Versager. Ein Versager im Sich-selbst-Lieben. Und die Entwertungsspirale beginnt von vorn.

Es kann für das eigene

SELBSTWERTGEFÜHL

gesünder sein, eine neutrale Einstellung zu sich und zu seinem Körper zu gewinnen, als eine immerzu positive anzustreben.

Für manche ist diese neutrale Einstellung ein Schritt auf ihrem Weg, den eigenen Körper zu 100 Prozent zu lieben. Und für andere ist sie das Ziel, und das ist vollkommen okay so, denn wahrscheinlich wird es immer noch Tage geben, an denen wir uns selbst nicht leiden können. Das ist eine vollkommen natürliche Sache. Sich dafür unter Druck zu setzen ist kein gesundes Konzept.

EXKURS
Brauchen wir den Begriff Plus Size noch?
....

Noch vor rund zehn Jahren bedeutete Fashion für dickere Frauen, sich biedere, zeltähnliche Ungestüme anziehen zu müssen, die in der Kategorie »Mode für Mollys« verkauft wurden. Diese Zeiten sind Gott sei Dank vorbei. Heute gibt es zahlreiche bekannte »Plus Size-« oder Curvy-Models, die als Vorbild dienen und auf Instagram Millionen von Followern haben. Mittlerweile führen beispielsweise Onlineretailer wie Asos und Zalando eine eigene Plus-Size-Abteilung, in der Frauen stylische Mode finden, deren Hauptziel es nicht ist, möglichst viel unter Stoffbahnen zu kaschieren. Im vergangenen September liefen rund 90 Plus-Size-Models auf der Fashion Week in New York. Die Macht, so merkt man auch hier wieder, liegt mittlerweile in den Händen des Konsumenten, der die (bisherigen) Normen verändern kann. Deshalb stellt sich für viele Body-Aktivistinnen die Frage, ob man die Begriffe »Plus Size« oder »Curvy« als Bezeichnung überhaupt noch benötigt. Der Begriff »Plus Size« ist mittlerweile in unseren ganz normalen Sprachgebrauch eingegangen. Trotzdem wollen viele Models diese Klassifizierung nicht mehr hören. Das bekannte Model und Influencerin Stefania Ferrario, die Kleidergröße 40 trägt, startete eine Hashtag-Kampagne mit der Bitte: Drop the Plus! Warum sollte man eine kurvige oder dicke Frau nicht einfach nur als Model bezeichnen, finden Stefania und viele ihrer Kolleginnen. Der Begriff »Plus Size« drängt Frauen, die keine sehr schlanke Figur haben, immer noch in die »Sonderstatus«-Ecke. Und verschiebt hiermit Realitäten. Denn: Warum sollte man ein Model mit Kleidergröße 40 in die »Curvy«-Kategorie stecken, wenn ihre Figur doch viel eher der Norm entspricht als die Größe 32/34 des »normalen« Models?

Body-Positive schließt alle mit ein

Kritiker der Body-Positive-Bewegung merken außerdem an, dass es so scheint, als würde sich Body-Positivity hauptsächlich an Plus-Size-Frauen wenden und dabei andere Gruppen vergessen, denen es aus unterschiedlichsten Gründen sehr schwerfällt, Liebe zu ihrem Körper zu empfinden. Es gibt Menschen, die mit ihrem Körper täglich zu kämpfen haben, krank sind, unter Schmerzen leiden oder körperlich behindert sind. Wer nicht in der Haut dieser Menschen steckt, sollte nicht laut nach der absoluten Selbstakzeptanz schreien. Wenn man also sagt: »Dein Körper ist immer gut und wird dich nie enttäuschen«, stimmt das für diese Menschen einfach nicht. Menschen, die zum Beispiel unter Essstörungen, Körperstörungen oder Behinderungen leiden, fällt es mitunter sehr schwer, einen positiven Zugang zu ihrem Körper zu finden. Manch einer hat gar kein Körpergefühl und leidet darunter. Diese Menschen müssen sich oftmals in einem langen Prozess an eine Akzeptanz oder eben an eine neutrale Einstellung zu ihrem Körper herantasten und dürfen nicht außen vor gelassen und mit einfachen Antworten abgespeist werden.

Dieses Herantasten erfolgt nicht mit »Liebe dich jetzt mal so, wie du bist«. Das wirkt hier eher wie ein Schlag ins Gesicht. Mittlerweile wird die Akzeptanz kleinster Makel, die eigentlich gar keine sind, auf Instagram unter dem Hashtag #Bodypositive gefeiert. Natürlich darf jeder seine Fortschritte in Sachen Selbstakzeptanz für positiv befinden. Aber Menschen, die mit viel größeren Abweichungen der Norm zu kämpfen haben, fühlen sich davon mitunter auch nicht ernst genommen.

So haben viele Werbekampagnen das Thema aufgegriffen – und es mitunter ins falsche Licht gerückt. Wenn ein äußert schönes Model in Unterwäsche auf einem Plakat der Marke Aerie zu sehen ist und darunter steht: »Dieses Mädchen wurde nicht retuschiert – The Real You Is Sexy«, dann wird hier auf eine fast unverschämte Weise mit dem Wunsch nach Akzeptanz und Schutz von Menschen gespielt, für die die Bewegung eine sehr tief gehende und transformierende Sache ist. Wenn

eine Fitnessbloggerin ein Rezept- und Trainingsbuch veröffentlicht, das *Body Positive* heißt und auf dessen retuschiertem Cover ihr perfekt trainierter Körper zu sehen ist, der alle gängigen
Schönheitsstandards repräsentiert, dann wirkt der Begriff sinn-
entleert. Natürlich darf diese Bloggerin von sich behaupten, sie
sei body-positive, und sie ist es womöglich auch. Trotzdem zeigt
dieses Beispiel, dass schlaue Marketingprofis den Wunsch nach
Selbstakzeptanz verstanden haben und für sich mit einem Twist
nutzen – auch wenn die Botschaft dieselbe ist wie eh und je:
»Sei schlank, sei perfekt, dann bist du glücklich und positiv.«

Der Wunsch nach Akzeptanz und der Wunsch nach Repräsen-
tanz sollte für jeden Menschen gelten. Body-Positivity wendet
sich an jeden Menschen, von daher sollten auch alle Menschen
zu Wort kommen. Auch die, die sich aus anderen Gründen als
einem hohen Körpergewicht diskriminiert und nicht ausreichend repräsentiert sehen. Auch viele »Women of Colour«
fühlen sich von der Body-Positive-Bewegung nicht ausreichend
berücksichtigt. Sie haben unentwegt damit zu kämpfen, dass
ein »weißes« Bild von Schönheit als ideal propagiert wird. Die
Body-Positive-Bewegung hat einen äußert positiven Diskurs be-
wirkt und wichtige (erste) Veränderungen hervorgebracht. Aber
sie hat noch einen weiten Weg vor sich und sollte in Bewegung
bleiben, damit sie nicht nur als einer von vielen Trends verstanden wird.

EXKURS
Schönheitswettbewerbe im Wandel
··

Gut, man mag von Schönheitswettbewerben halten, was man will, aber es ist erwähnenswert, dass der »Wind of Change« auch bei Wettbewerben angekommen ist, die sich vordergründig um das Thema Schönheit drehen. Bei einem Schönheitswettbewerb in Peru nutzen die teilnehmenden Frauen zum Beispiel ihre Stimme, um auf die Gewalt gegen Frauen in ihrem Land aufmerksam zu machen.

Bei dem Teil, in dem sie eigentlich ihre Maße angeben sollten, präsentierten die Frauen plötzlich ganz andere, erschreckende Zahlen, nämlich die der weiblichen Gewalt- und Todesopfer, die Peru jedes Jahr hervorbringt. Bei aller Kritik an Schönheitswettbewerben: Der Auftritt der 23 Schönheitsköniginnen war ein Gänsehautmoment, denn er zeigte, dass Frauen sich weltweit davon emanzipieren, sich nur noch als hübsches Objekt zu präsentieren. Sie standen hingegen für die vielen Gewaltopfer ein, die in Peru aufgrund ihres Geschlechts ums Leben gekommen sind. Und damit zeigt sich vielleicht auch eine neue Frauensolidarität, die sich durch alle Bereiche zieht und immer mehr zu nimmt.

Ein anderes Beispiel von einem Schönheitswettbewerb kann in die Kategorie »Diversität« und in diesem Sinne auch zu Body-Positivity gezählt werden. In Burnsvillem im US-Bundesstaat Minnesota gewann Mikayla Holmgren eine Miss-Wahl und ist damit die erste Frau mit Downsyndrom, die sich für die Miss-USA-Wahl qualifiziert hat.

Holmgren selbst sieht in ihrer Teilnahme mehr als den Aspekt der Schönheit. Die Turnerin und Tänzerin wollte zeigen, dass sie ein glückliches und fröhliches Leben führt – mit und trotz ihrer Behinderung. Der Miss-Minnesota-Wettbewerb hat sich einen Ruf als besonders offener Miss-Wettbewerb erworben, der auch Schönheiten abseits des Mainstreams zeigen will. Mikayla wurde übrigens von einer anderen Vorreiterin dazu bewegt, an der Wahl teilzunehmen: Im Vorjahr war es die Muslimin Halima Aden, die an der Miss-Minnesota-Wahl mitmachte und sich dort mit Hijab und Burkini zeigte. Wir finden: Schönheitswettbewerbe hin oder her, aber so viel Mut in Sachen Diversität und Solidarität ist inspirierend und sollte auch in Zukunft immer mehr Platz finden. Vielleicht – und das wäre eine Vision für die Zukunft – ersetzt die Vielfalt irgendwann alle gängigen Ideale.

Kritikpunkt: Es geht bei Body-Positivity noch zu viel um Schönheit

Ein Punkt, den Kritiker der Body-Positive-Bewegung oft anmerken, ist, dass sie die Verbindung zwischen Schönheit und Wert immer noch zu sehr in den Mittelpunkt rückt.

»Jeder Körper ist schön« steht also laut der Kritiker immer noch unter dem Deckmantel »Schönheit ist gleich Wertgefühl«. Die Obsession mit dem Körper an sich ist aber das eigentliche Problem, sagte zum Beispiel die Body-Positive-Aktivistin Dr. Lindsay Kite im Herbst 2017 in ihrem TED-Talk »Body

Positivity or Body Obsession?«. Dass wir unseren Körpern einen immens hohen Stellenwert einräumen und ihn zu einem Objekt machen, führt laut Kite zu Selbstwertproblematik und zu psychischen Problemen. Seinen Körper sein zu lassen, wie er ist, ohne irgendeine Bewertung vorzunehmen, kann hingegen dazu führen, sich aus der Be- und Entwertungsspirale zu lösen und zu spüren, wie der Druck langsam nachlässt. Eine neutrale Einstellung zu seinem Körper zu gewinnen kann also in diesem Sinne als ein noch viel radikaleres Konzept verstanden werden als die Botschaft »Jeder Körper ist schön«. Hier wird sozusagen noch ein weiterer Schritt vollzogen, in dem die ständige Obsession mit dem Körper als Messgrad des eigenen Werts infrage gestellt wird.

»Was braucht mein Körper?« oder »Was will mein Körper?« oder »Wie fühlt sich mein Körper gerade an?« wären zum Beispiel neutralere Herangehensweisen als »Mein Körper sieht bombastisch gut aus«.

Denn dieser Bewertung kann man nicht immer standhalten – und so fühlt man sich vielleicht, als hätte man sich selbst betrogen. Der Rat für ein gesünderes Körpergefühl geht also in die Richtung »weniger Bewertungen abgeben, mehr Seinszustände spüren«. Wer zum Beispiel gern tanzt oder Yoga macht, wird sich damit wohlfühlen, egal, wie der eigene Körper gerade aussieht. Die Bewertung wird erst von unseren Gedanken ausgelöst. Und unser Kopf ist nicht immer ein guter Berater. Denn unser Wohlbefinden steht und fällt mit diesen Bewertungen.

Es geht also im Grunde darum, damit zu brechen, **KÖRPERLICHE SCHÖNHEIT ALS EIN BESONDERS HOHES GUT,** *als eine Art Währung zu betrachten, mit der wir auf der Wertigkeitsskala steigen oder fallen.*

Gezeigt wird, was man so nicht kennt

Wir haben zuvor auch die Kritikpunkte an der Body-Positive-Bewegung angesprochen. Das tun wir, weil uns wichtig ist, dass man verschiedene Standpunkte betrachtet, und wir glauben, dass diese Standpunkte einen Platz verdienen. Das heißt nicht, dass die Body-Positive-Bewegung nicht ein richtiger und wichtiger Schritt ist, weil sie, wie oben beschrieben, alte Muster aufbricht und durch mehr Diversität zu einem entspannteren Umgang mit Schönheitsidealen führt und somit die Obsession mit bestimmten Idealen schmälert.

»Jeder ist schön« ist in diesem Sinne als Wegbereiter zu verstehen, weil ein entspannterer Umgang mit dem eigenen Körper dadurch geschieht, dass immer mehr Menschen mit unterschiedlichstem Aussehen ins Blickfeld geraten, die sagen: »Moment mal, ich will und darf mich auch zeigen, in den Medien stattfinden und schön finden.« Es gibt viele großartige Beispiele von Frauen aus der Body-Positive-Bewegung, die das zeigen.

Die britische Bloggerin Chidera hat zum Beispiel ein Movement ins Leben gerufen: #saggyboobsmatter. Ihr Anliegen: Viele Frauen haben hängende Brüste, und nur weil wir diese in unserer Medienwelt selten zu Gesicht bekommen, heißt es nicht, dass wir sie nicht zeigen dürfen. Ihr Anspruch ist auch, körperliche Merkmale, die man gemeinhin als nicht attraktiv bezeichnet, ganz offen darzustellen und somit einen Paradigmenwechsel in Sachen Ästhetik einzuleiten. Sprich: Wir finden etwas vielleicht nur nicht schön oder nicht normal, weil wir es nicht zu Gesicht bekommen. Auch andere Aktionen folgen diesem Prinzip. Seien es dicke Frauen, die sich enthüllen. Seien es Frauen, die ihre Schwangerschaftsstreifen zeigen oder mit Glitzer bemalen, um zu zeigen, dass sie stolz darauf sind, was ihr Körper geleistet hat. Seien es Frauen, die sich trauen, ihre Brüste nach einer Amputation zu zeigen, oder eine querschnittsgelähmte Frau, die sich als sexuelles Wesen zeigt.

»Alle Körper sind schön« soll hier also nicht propagieren, dass Menschen, wenn sie nur endlich das Prädikat »schön« auf der Stirn tragen, zu einem vollkommenen Geschöpf geworden sind. Es ist wichtig, diese Unterscheidungen zu machen. Indem man Schönheitsideale durchrüttelt, nimmt man denen die Macht, die uns erzählen wollen, was Schönheit eigentlich ist – und vermittelt, dass diese Schönheit sich letztlich nicht oder nicht nur durch unsere Körper zeigt. Frauen wurde über viele Jahre suggeriert, dass ihr Körper ein Objekt ist, das sich nach dem Gefallen anderer zu richten hat, und eben nicht einfach ein Teil von uns ist, der uns durch die äußere Welt trägt und demnach einem bestimmten Zweck dient. Ein Ziel wäre es, den Begriff »Schönheit« neu zu definieren und die alten Bilder somit auch anders einzuordnen, was im Allgemeinen zu einem entspannteren, eben auch neutraleren Umgang mit unseren Körpern führt. Es wird womöglich immer Schönheitsideale geben, aber wenn es Menschen gibt, die diese Ideale als »die einzig wahren« infrage stellen, öffnet sich eine Tür zur Veränderung. Der Begriff »Schönheit« lässt sich nicht mehr so leicht definieren, weil all die Diversität nicht mehr in die vorgefertigte Box passt. In diesem Moment können wir selbst bestimmen, was für uns schön ist. Aber diesem »Schön« sollte ein grundsätzliches »Gut« vorausgehen, nicht umgekehrt. Und dieses »Schön« ist ein »Ich bin mehr als mein Körper«-Schön. Die Body-Positive-Bewegung ist für ihre AktivistInnen also ein Ausdruck von Freiheit im Hinblick darauf, sich nicht mehr länger diktieren zu lassen, was wir sein sollen, damit wir endlich anerkannt werden.

WIR SIND UNSERE KÖRPER, ABER AUCH MEHR ALS DAS.

Wir sind mehr als ein Objekt und mehr als die Bezeichnung »schön«.

EXKURS
Ashley Graham

••

Eine Gallionsfigur der Body-Positive-Bewegung ist das amerikanische Super-Plus-Size-Model Ashley Graham. Sie ist so etwas wie die Sprecherin einer neuen Art von Selbstbewusstsein geworden, mit der kurvige Frauen in der Öffentlichkeit auftreten. Sie selbst glaubt, dass fast jeder Mensch in seinem Leben Opfer von Body-Shaming geworden ist und sich davon verletzt gefühlt hat. Deshalb sei es umso wichtiger, zu sich und seiner Wahrheit zu stehen. Kurven, so Ashley, seien nicht nur ein Trend. Sie möchte, dass jegliche Körperform anerkannt wird und die Do's and Dont's, mit denen vor allem mollige oder dicke Frauen ständig traktiert werden, keinen Platz mehr in der allgemeinen Wahrnehmung finden. Wer hat eigentlich gesagt, dass kurvige Frauen keine engen Kleider anziehen dürfen? Und warum sollte sich eine dicke Frau nicht auf Instagram im Bikini zeigen? Ashley kämpft mit ihrer eigenen Authentizität gegen das gängige Ideal an.

Natürlich entspricht Ashley auch einem gewissen Schönheitsideal, trotzdem wäre eine Frau mit ihrer Körperform vor zehn Jahren nicht auf dem Cover der *Vogue* gelandet. »Beauty beyond size« ist das Mantra von Ashley, und sie spricht mit ihrem Anliegen nicht nur vor Jugendlichen, um diese für das Thema zu sensibilisieren, sondern ruft auch Mitstreiter dazu auf, sich weiter dafür starkzumachen, dass mehr und mehr Plus-Size-Models in Beauty- und Modekampagnen zu sehen sind. Je mehr Menschen zum Beispiel in den sozialen Medien ihre Stimme erheben, und je mehr Marken Frauen unterschiedlichster Typen in ihren Kampagnen besetzen, desto eher werden die gängigen Ideale außer Kraft gesetzt. Ashley glaubt, dass das Thema in zehn Jahren keines mehr sein wird, weil sich die Welt dahin gehend verändern wird, dass Authentizität statt Schönheitsdiktat der wichtigste Faktor in der Medien- und Modewelt sein wird. Eine selbstbewusste Aussage einer selbstbewussten Frau.

Selbstbestimmung is key

Selbstbestimmung. Das kann man eigentlich als ein Key-Wort bezeichnen, wenn es um Body-Positivity oder andere Bewegungen geht, die sich darum bemühen, Menschen einen gesünderen Umgang mit sich selbst zu vermitteln. Wir haben viel über den Druck gesprochen, der auf uns allen lastet. Die Selbstbestimmung ist es, die uns dazu verhilft, uns aus dem Korsett des Perfektionismus und der uns auferlegten Rollen- und Körperbilder zu befreien und – ob nun mit lautem Aktionismus oder nur leise für uns selbst – einen Cut mit dem Druck der Selbstoptimierung oder der Perfektion zu machen. Wir wollen uns nicht mehr einzwängen lassen, sondern durchatmen können und die Befreiung spüren, die sich einstellt, wenn wir endlich die engen Kordeln des Korsetts lösen und (für uns) selbst bestimmen können, wie wir unser Leben leben, wie wir uns zeigen wollen, wie wir uns definieren und was wir uns gefallen lassen oder nicht. Wir spüren den Unterschied, ein Körper zu sein, der einfach sein darf, oder ein Objekt zu sein, das immerzu beurteilt wird.

Als die Schauspielerin Caitlin Stasey ihre Webseite herself.com an den Start brachte, stellte sie fest, wie groß gerade das Verlangen von Frauen ist, einfach sie selbst sein zu dürfen und über verletzliche Themen zu sprechen, die uns alle immer wieder beschäftigen. Das Besondere (was eigentlich die Normalität sein sollte): Die Frauen, die auf dieser Seite gezeigt werden, sind nackt fotografiert, aber der Fokus liegt nicht auf der Sexualisierung des Körpers als Objekt, sondern auf Intimität, Einfühlungsvermögen und Nähe. In den Interviews zu den Bildern sprechen die Frauen über ihre Körper, Pubertät, Masturbation, Sex, Beziehungen oder sogar Religion. Man könnte sagen, sie erobern sich ihren Körper zurück, aber eben jenseits von beurteilenden Blicken. Das ist ein sehr schönes Beispiel, was Body-Positivity auch bedeuten kann. Denn die Frauen zeigen zwar ihren Körper und sprechen auch über Sexualität, aber sie gehen gleichzeitig nach innen und zeigen ihr Seelenleben. Sie nehmen sich selbst als Ganzes wahr und sind in diesem Moment in ihrer Nacktheit kein reines Körperobjekt.

Selbstbestimmung ist auch hier der Schlüssel. In einem Interview mit dem Onlinemagazin i-D wurde Caitlin gefragt, ob sie nicht durch die Nacktbilder genau das befeuere, was sie kritisiere, nämlich die Objektivierung von Frauenkörpern. Und sagte daraufhin etwas sehr Schlaues: »Frauen werden zu Objekten, unabhängig von ihrer Kleidung oder ihren Taten. Die bloße Existenz der Frau reicht aus, um von einem Mann sexualisiert und von der Welt bevormundet zu werden.« Wenn man Frauen dafür abstraft, dass sie sich zum Beispiel nackt zeigen, impliziert man, dass Frauen für jegliche Form von Body-Shaming oder Slut-Shaming selbst verantwortlich gemacht werden sollten. Und das ist es, was man gemeinhin als »Rape Culture« versteht.

In Zeiten von #MeToo und der Debatte um Machtmissbrauch, der sich über die Sexualität kanalisiert, ist das Wort Selbstbestimmung deshalb so wichtig. Eine Frau, die ihren Körper nackt zeigt, kann ihn damit zurückerobern. Eine dicke Frau, die sich auf Instagram im Bikini zeigt, auch wenn sie weiß, dass sie dafür viele verletzende Kommentare erhält, kann sich damit ihren Körper zurückerobern. Denn ob ein anderer sie wegen ihrer Taten zum Objekt macht, ist nicht ihre Verantwortung. Es ist ihr Körper, über den sie bestimmt. Der Kopf des anderen ist seine Verantwortung. Die Grenze, ab wann sich eine Frau als Objekt fühlt und das Gefühl hat, nicht mehr selbstbestimmt handeln zu können, zieht sie selbst. Und das ist das berühmte »Nein« und das »Ich will das nicht«, das immer gelten sollte. Selbstbestimmung, gerade auch über unsere Körper, ist gelebtes Selbstbewusstsein, ist gelebte Selbstliebe. Und gerade der Fakt, dass so viele Frauen weltweit nicht über ihren Körper bestimmen können, zeigt, welch wichtiges Thema wir beleuchten. Gerade weil die Selbstbestimmung (leider) ein Privileg ist, ist Body-Positivity auch eine Bewegung, die über Selbstakzeptanz hinausgeht und die viele auch als feministisch bezeichnen, weil sie nicht von vielen wichtigen Themen, die Frauen in ihrer Selbstbestimmung betreffen, zu trennen ist.

EXKURS
FreeTheNipple

• •

Der Hashtag #FreeTheNipple ist eine der bekanntesten Social-Media-Aktionen, wenn es um Kritik an männlicher und weiblicher Körperdarstellung geht. Im Jahr 2014 von der Schaupielerin Lina Esco gegründet, ging es bei diesem medialen Aufschrei in erster Linie um Geschlechterungleichheit in Bezug auf die Darstellungsweise von nackten Körpern. Als Beispiel diente hier die Tatsache, dass die Brustwarzen von Frauen auf Instagram oder anderen sozialen Plattformen verpixelt sein müssen, während die Brustwarzen von Männern sichtbar sein dürfen. Aber natürlich geht das Thema tiefer. Man will durch den Hashtag die gesellschaftlichen Doppelstandards von weiblicher und männlicher Körperdarstellung aufzeigen, argumentiert die Bewegung. Während nackte Frauen in Pornos zum Beispiel gezeigt werden und das akzeptiert wird, werden Bilder, die Frauen beim Stillen ihrer Kinder oder bei der Geburt zeigen, von den Facebook-Moderatoren rigoros von der Plattform verbannt. Frauenkörper werden also als Sexfantasie von Männern gesellschaftlich akzeptiert, die natürliche Darstellung und die Funktion des weiblichen Körpers werden wiederum von Plattformen wie Facebook oder Instragram als »unsittlich« angesehen. Ganz schön verquer, oder? Hier spielt ganz klar eine US-amerikanische Perspektive mit, denn in den USA ist das öffentliche Stillen von Kindern in einigen Bundesstaaten verboten. Der Hashtag #FreeTheNipple hatte viele prominente Unterstützer wie Chrissy Teigen oder Demi Moore. Aber auch Männer wie der Schauspieler Bruce Willis unterstützen die Aktion.

Warum Selbstbewusstsein so sexy ist

Selbstbewusst ist das neue Sexy, behaupten wir. Aber was meinen wir damit überhaupt? Wir glauben, dass wir so viel mehr sind als unsere Körper. Aber wir glauben auch, dass jeder Körper ein Wunderland ist. Wir glauben, dass das, was wirklich sexy ist (nachhaltig sexy sozusagen), nicht nur über einen schlanken Bauch oder volle Lippen transportiert wird. Weil Selbstwertgefühl und Selbstliebe letztlich die Komponenten sind, die uns von innen heraus leuchten lassen, das gewisse »Je ne sais quoi« kreieren und zu einer Schönheit führen, die über unsere Kleidergröße hinausgeht. Wir glauben, dass du, ja du, in deiner Einzigartigkeit sexy bist, weil du bist, wer du bist – fernab von Schönheitsidealen.

Was ist Selbstbewusstsein überhaupt?

Nun, auf den Punkt genau lässt sich das wohl nicht greifen. Für manche ist es vielleicht, sich zu trauen, morgens mit ungekämmten Haaren und ungeschminktem Gesicht zum Bäcker zu gehen. Für andere ist es ein selbstbewusster Akt, sich das erste Mal im Bikini zu zeigen. Für wieder andere ist es, sich zu trauen, auch mal »Nein!« zu sagen und eine Bitte abzuschlagen. Und für den Nächsten ist es, in der Familie, in der Partnerschaft oder im Berufsleben klar und deutlich die eigene Meinung zu vertreten.

Selbstbewusstsein, im Tun ausgedrückt, kann viele Formen annehmen und ist für jeden individuell etwas anderes. Gemäß der eigenen Lebenserfahrungen und -umstände kann das, was für den einen ein Befreiungsschlag in Sachen Selbstbewusstsein ist, für den Nächsten Normalität sein. Selbstbewusstsein hat mehrere Bedeutungsebenen. Ganz sachlich betrachtet, ist es das Bewusstsein über das eigene Selbst. Es ist die Frage: »Wer oder was bin ich?« Diese Frage ist wichtig, denn nur sie kann uns zu einem positiven Gefühl unserem Selbst gegenüber hinleiten. Umgangssprachlich – und so verwenden wir den Begriff in diesem Buch eher – ist mit dem Begriff Selbstbewusstsein bereits ein positives Wertgefühl gegenüber dem eigenen Selbst verbunden. Es kann hier also synonym zu Selbstwertgefühl verstanden werden. Dieses Selbstwertgefühl ist immer auf einen Werthorizont, also bestimmte Wertvorstellungen bezogen.

Wie definiert sich Selbstwertgefühl?

Der Soziologe Morris Rosenberg, der im Jahre 1965 den Self-Esteem-Scale (RSES), einen psychologischen Fragebogen zur Erfassung des Selbstwertgefühls, erstellte, definiert jenes als eine positive oder negative Orientierung eines Menschen gegenüber sich selbst, als einen stabilen Glauben über und eine persönliche Gesamtauswertung der eigenen Wertigkeit. Zugegeben, eine sehr generalisierende Definition, denn die Überzeugungen jedes Einzelnen darüber, wovon sein Selbstwert letztlich abhängt, können unterschiedlichster Natur sein: eine glückliche Ehe, ein großer Busen, ein Kind, ein Haus, ein toller Job, ein schöner Partner, eine teure Handtasche, eine intakte Familie usw. Der amerikanische Psychotherapeut Nathaniel Branden ist mit seiner Definition hingegen etwas differenzierter und beschreibt, welche

Vorstellungen mit einem positiven Wertigkeitsgefühl des eigenen Selbst zusammenhängen. Er unterscheidet hier zwischen zwei Komponenten:

1. Selbstwirksamkeit: die Zuversicht, die wir in unsere Fähigkeit haben, mit allen Herausforderungen des Lebens umzugehen.

2. Selbstrespekt: unser Glaube daran, dass wir Liebe, Glück und Erfolg verdient haben.

Ein Zuviel an Selbstbewusstsein oder Selbstliebe ist häufig mit dem Begriff Narzissmus verbunden, der aber häufig irreführend ist. Denn eine narzisstische Persönlichkeitsstörung entwickelt sich nicht aus einem starken Selbstwertgefühl, im Gegenteil. Narzissten haben häufig ein sehr instabiles Selbst, das zwischen Grandiosität und großen Zweifeln oder sogar Gefühlen der Nichtigkeit hin- und herschwankt. In der Psychologie wird eine tendenziell positive, aber eben auch realistische Sicht auf sich selbst als ideales Selbstwertgefühl bezeichnet. Das Selbstwertgefühl als solches ist eine der grundlegendsten menschlichen Motivationen im Leben. Der Mensch war die längste Zeit seiner Existenz ein Gruppentier, und der Wunsch nach Anerkennung durch die Gruppe ist fest in uns verankert. Aber – so sagte zum Beispiel der Psychologe Abraham Maslow – so sehr der Mensch die Liebe und Anerkennung der Gruppe benötigt, so sehr benötigt er auch den inneren Respekt vor sich selbst.

Es gibt zahlreiche Definitionen zu Selbstbewusstsein und Selbstwertgefühl. Bei der Wirkung eines guten Selbstwertgefühls auf unser Leben herrscht bei vielen Forschern aber Einigkeit: Ein allgemeines Gefühl des Glücklichseins, eine bessere Gesundheit, ein besseres Sozialleben, weniger psychische Erkrankungen und eine höhere Widerstandsfähigkeit bei Problemen oder Krisen. Sich um sich selbst zu kümmern und das eigene Gefühl von Wert zu stärken macht also nicht nur sexy. Es macht gesünder und glücklicher und führt zu einem selbstbestimmten Leben.

Wir wollen trotzdem auch hier differenzieren: Scheitern gehört zum Leben dazu. Und wir sprechen auch nicht von der Idee, ein selbstbewusster Mensch habe keine Angst mehr oder würde sich nie selbst kritisieren. Es geht eher um das Verständnis eines Von-Grund-auf-gut-Seins. Unser Verhalten ist womöglich nicht immer gut oder moralisch oder frei von Fehlern. Aber wir alle haben es von Grund auf verdient, geliebt und respektiert zu werden. Nicht immer werden wir diesen Respekt von anderen erhalten, wir können uns aber immer dazu entscheiden, uns selbst diese Anerkennung geben zu wollen.

»Für mich ist Selbstbewusstsein das Gefühl, frei zu sein, ohne immer den Gedanken zu hegen, wie ich auf meine Außenwelt wirke. Innerlich so mit mir im Reinen zu sein, dass es mir nicht mehr so wichtig ist, was die anderen über mich sagen. Es gibt Menschen, die tragen die verrücktesten Outfits und Frisuren, und es ist ihnen egal, was man von ihnen hält. Das finde ich großartig. Das eigene Ding durchziehen und sich grundsätzlich okay und gut fühlen. Es ist nicht zu verurteilen, wenn Menschen sich kleiner machen, als sie *sind. Auch Scham ist menschlich. Aber – ganz rational betrachtet: Es ist nicht hilfreich für ein erfülltes Leben. Es bringt uns nicht weiter. Stell dein Licht nicht unter den Scheffel.«*

Niemals gut genug – wenn das Selbstwertgefühl wackelt

»Ich bin nicht gut genug. Bin es nicht wert, respektiert und geliebt zu werden.« Diese Gedanken und die dazugehörigen Gefühle kennen viele von uns. Ob wir diese Gefühlszustände nun in Bezug auf unseren Körper, in unserem Beruf oder in Beziehungen erleben: Die Wurzel liegt so gut wie immer in mangelnder Selbstliebe begründet. Wir glauben tief in uns, um Liebe und Anerkennung kämpfen zu müssen. Mit Leistung, unserem Aussehen, dem, was wir sagen oder vielleicht nicht sagen. Wir vergleichen uns – und schneiden in unseren Augen meist schlechter ab. Aber selbst wenn wir einen Perfektionsanspruch erfüllen, selbst wenn wir Komplimente, Lob und Anerkennung erhalten, können wir die Worte und Zuneigung der anderen nicht wirklich spüren, nicht wirklich an uns heranlassen. Oder wir freuen uns vielleicht darüber, die Freude hält aber nur kurze Zeit an. Und wir beginnen erneut, uns in Gedankenspiralen davon zu überzeugen, was unsere Freunde, Liebhaber oder Kollegen ja gar nicht wissen können: Dass wir eigentlich gar nicht so schlau, schön, stark, durchsetzungsfähig, erfolgreich, sexy usw. sind.

Hier kann man einsetzen, was einem beliebt, denn unser innerer Abwerter findet immer ein Haar in der Suppe. Aber woher kommt diese abwertende innere Stimme, die mit uns oftmals viel härter umgeht, als wir es je mit unseren Lieben tun würden?

»Mein Weg zum Selbstbewusstsein war ein langer. Ich war ein selbstbewusstes Kind, bis ich dann in die Pubertät kam und ein Mobbing-Opfer wurde. Dann habe ich mit Frustessen begonnen. (Emotional Eating ist übrigens ein Thema, das mir sehr am Herzen liegt, denn viele sind davon betroffen.) Ich hatte in dieser Phase das Gefühl, dass ich nur noch in einer Hülle gelebt habe. Ich war innerlich kaputt. Ich war nur noch traurig, ich konnte nicht verstehen, warum ich keinen Freund hatte. Alle meine Gefühle, meine Sorgen gingen über den Magen. Wenn mich jemand geärgert hat, habe ich sofort Bauchschmerzen bekommen. Ich habe mich immer weiter vergraben und mich nicht mehr geöffnet. Meine Eltern haben mir gesagt, ich solle nicht so viel essen, denn ›ein paar Kilo weniger wären ja auch schön‹. Ich fühlte mich allein gelassen. Ich habe dann mit 17 die Schule gewechselt und beschlossen, dass ich nicht mehr so weitermachen möchte.

Ich habe die

CHANCE

ergriffen, neu anzufangen. Ich wollte kein Opfer mehr sein.

Ich war aber natürlich noch immer nicht die Selbstbewusstseins-Queen, sondern habe mich nach außen stärker gezeigt, als ich wirklich war. Nachdem sich mein erster Freund mit den Worten ›Du bist mir eh viel zu fett gewesen‹ trennte, warf mich das erneut komplett aus der Spur. Und man sucht ja gerade als junger Mensch den Fehler oft bei sich. Ich bin immer zu dem Schluss gekommen, dass ich es nicht wert bin, geliebt zu werden, weil ich irgendetwas an mir habe, was nicht okay ist.«

Der innere Abwerter ist häufig eine Stimme aus unserer Kindheit

Neben den gesellschaftlichen Einflüssen in Bezug auf unsere Körper, die wir ja schon besprochen haben, beginnt ein negatives Selbstwertgefühl bei vielen von uns schon in der Kindheit. Als Kinder beziehen wir viele der äußeren Ereignisse auf uns. Ein Kind glaubt beispielsweise häufig, es habe etwas damit zu tun, wenn die Eltern Probleme haben, wenn es Streit gibt oder ihm nicht die Aufmerksamkeit zukommt, die es benötigt. Manch einer von uns hatte vielleicht überkritische Eltern oder eine Familie, die uns in ihrer Kommunikation nicht vermitteln konnten, dass nicht wir es sind, die sie aufregen, sondern vielleicht etwas, was wir getan haben. Auch Kommunikation kann eine Form von Gewalt sein.

Und auch in Bezug auf unser Äußeres haben wir vielleicht Dinge gehört, die uns verletzten und die wir für bare Münze genommen haben. Manche mussten gar traumatische Erlebnisse wie körperlichen oder sexuellen Missbrauch verkraften und kennen das Gefühl der Ablehnung und Entwertung nur zu gut. Wir wissen: Man redet nicht gern darüber, was man von den Eltern oder Bezugspersonen oder Klassenkameraden so an den Kopf geworfen bekommen hat oder welche negativen Kindheitserfahrungen uns geprägt haben. Im Allgemeinen gerät man in eine Art Loyalitätskonflikt, weil man zum Beispiel die eigenen Eltern nicht als »schlecht« darstellen möchte. Darum geht es auch gar nicht. Es ist aber wichtig zu erkennen, wo diese kritische, abwertende Stimme in uns womöglich ihren Ursprung hat. Noch einmal: Es geht nicht darum, das Blame-Game zu spielen, sondern zu erforschen, welche unserer heutigen Vorstellungen über uns selbst schon früh geprägt worden sind. Denn viele dieser frühen Erlebnisse und die daraus resultierenden Reaktionen und Glaubenssätze spielen bei vielen bis ins Erwachsenenalter eine Rolle.

Wir glaubten einmal, wir seien schuld daran, dass wir nicht genügend Liebe oder Anerkennung erhalten haben. Wir glaubten, wir seien schuld an bestimmten Situationen, und haben versucht, mit verschiedenen Strategien dagegen anzukämpfen. Wir alle wurden durch Erfahrungen und Einflüsse geprägt, und manche von uns erzählen sich immer wieder die gleiche Geschichte. Diese hat oft sehr wenig mit der Realität zu tun. Selbst die schönste Frau der Welt, die äußerlich alles besitzt, was andere gern hätten, kann sich ihren Lebtag lang weismachen, dass sie nicht schön genug ist, oder sich für hässlich, wertlos und unbedeutend halten. Viele Menschen voller Talente glauben nicht an sich, obwohl sie von anderen Bewunderung und Zuspruch erhalten. Oder sie glauben, sie seien noch nicht gut genug und man werde sie entlarven und irgendwann feststellen, dass sie eigentlich gar nicht so großartig sind.

Unter dem sogenannten Imposter-Syndrom leiden interessanterweise häufig Menschen in hohen beruflichen Stellungen. Sie haben viel erreicht, ja. Denn gerade ihr Gefühl vom Nicht-gut-genug-Sein hat sie dorthin gebracht, wo sie jetzt sind, hat sie zu hart arbeitenden Menschen werden lassen. Durch Leistung haben sie versucht, ihr Gefühl von einem wertlosen Selbst zu überdecken. Aber tief in sich glauben viele »Imposter« dennoch, all das nicht verdient zu haben, eigentlich ein Hochstapler zu sein. Andere hingegen meinen, ohnehin eines Tages zu versagen, und trauen sich erst gar nicht, an ihre Ideen und ihre Hoffnungen und Träume zu glauben.

Die »Nicht-gut-genug-Falle« ist vielschichtig, und vor ihr ist keiner gefeit. Menschen mit einem niedrigen Selbstbewusstsein neigen dazu, die Welt als einen Ort anzusehen, in dem sie sich vor Verletzungen schützen müssen, in dem sie immer auf der Hut sein und kämpfen müssen. Andere glauben, sie schaffen es nicht allein, und suchen einen Retter, der sie aus ihrem Gefühl der Minderwertigkeit herausholt. Manche sehen sich selbst in einer Position des Opfers. Als Opfer ihrer Umstände. Und das waren sie vielleicht auch einmal in Kindheitstagen – deshalb machen aus Sicht des »hilflosen« Kindes in uns diese Schutzstrategien auch Sinn. Und so hat ein niedriges Selbstwertgefühl meist etwas mit den Gefühlen von Wertlosigkeit und Machtlosigkeit zu tun. Wir alle wollen – wie oben schon gesagt – Verbindung, wir wollen gemocht werden. Und wir alle bekommen Angst, wenn Situationen aus den Fugen geraten, wenn wir abgelehnt werden könnten. Wir versuchen, irgendwie gegen diese Angst anzukämpfen. Und die Anhaltspunkte, was uns zu akzeptablen und liebenswerten Menschen macht, finden wir in der Welt um uns herum und in den Botschaften, die an uns herangetragen werden (siehe oben »Wie wird Selbstwertgefühl definiert?«).

In Kindheitstagen ist das so und auch später im Erwachsenenleben – und hier sehen wir unsere Erfahrungen eben häufig auch noch durch die »alten Brillengläser«. Wir haben auf der einen Seite also die Konditionierungen aus früheren Erlebnissen und auf der anderen die gesellschaftlichen und/oder kulturellen Normen, die durch unsere sozialen Zirkel und auch die Medien geprägt werden. Unsere alten Konditionierungen zu erkennen ist wichtig, um zu einem stabileren Selbstwertgefühl zu gelangen. Die Süße des Geleisteten bleibt aus, wenn wir in die Rolle des Kritikers schlüpfen, der uns selbst die Anerkennung verweigert. Und auch die äußerliche Schönheit ist nie genug, wenn wir tief in uns gegen uns selbst kämpfen.

»Ich weiß nicht, was es war, aber irgendwann habe ich beschlossen, dass ich mein Leben

NICHT IM KRIEG MIT MIR UND MEINEM KÖRPER

leben will.

Es war eine Entscheidung, mir selbst Wert zuzugestehen, mir zu sagen, dass ich Liebe und Respekt verdient habe. Im Äußeren zeigte sich das darin, dass ich mich von meinen Eltern emanzipiert und ihnen gesagt habe, dass ich über meinen Körper selbst entscheiden kann und will. Und dass ich nicht mehr unter Druck gesetzt werden möchte. Ich habe ihnen gesagt: ›Ich werde nicht mehr zu euch kommen, wenn ihr mich weiter an mein Gewicht *erinnert oder mir sagt, ich solle eine Diät machen oder ich wäre mit zehn Kilo weniger glücklicher – oder dass ich einen Freund hätte, wäre ich nur dünner.‹*

Das war ein ganz wichtiger Schritt. Für mich. Und sie haben ihn letztlich auch verstanden. Viele Eltern kritisieren ihre Kinder, wenn sie dem gesellschaftlichen Ideal nicht entsprechen, ich höre das immer wieder. Von den eigenen Eltern nicht akzeptiert zu werden, wie man nun einmal ist, tut sehr weh. Vielleicht ist es das Schmerzhafteste überhaupt. Und ich verstehe, dass es schwer ist, aber ich glaube, dass es wichtig ist, eine Grenze zu ziehen, diese Fessel zu lösen. Stopp zu dieser Kritik zu sagen – ob sie nun aufgrund des Aussehens ist oder weil Leistung gefordert wird. Dieser Cut kann sehr heilsam sein. Wir haben das Recht, uns von Menschen und Umständen zu distanzieren, die uns wehtun. Auch wenn es die eigenen Eltern sind. Viele Eltern begreifen vielleicht gar nicht, wie sehr sie ihrem Kind mit ihren Aussagen zusetzten. Meine haben es irgendwann verstanden. Ich hatte das Glück, außerhalb von zu Hause auch Freundschaften aufgebaut zu haben, in denen ich vollends akzeptiert wurde. Und auch mein Freund Maxi, mit dem ich schon seit vielen Jahren zusammen bin, hat mir immer wahnsinnig viel Liebe geschenkt. Er liebt mich so, wie ich bin. Aber der erste Schritt zur Liebe, diese Entscheidung hin zum Selbstrespekt, die kam von mir.«

Niemand ist vor Selbstwertkrisen gefeit

Das Gefühl der Wert- und Machtlosigkeit kennen manche von uns also bereits aus Kindheitserfahrungen, in denen wir uns ausgeliefert gefühlt haben und nichts oder wenig gegen die Umstände tun konnten. Aber: Menschen mit einer schwierigen Kindheit können eben auch eine große Widerstandsfähigkeit entwickeln, die sie gerade für die Steine im Leben besonders gut wappnet. Denn jeder von uns – ob perfekte Kindheit oder nicht – kann mit dem Selbstwert zeitweise hadern, gerade wenn wir mit schwierigen Situationen konfrontiert werden. Ob ein Jobverlust, eine Trennung oder ein übler Streit im Freundeskreis: Häufig sind es Krisen oder Situationen, in denen wir eine gewisse Hilflosigkeit spüren, das Gefühl haben, keine Kontrolle mehr über unser Leben zu haben.

Diese Krisen führen dazu, dass unser Selbstwertgefühl sinkt. Ob dies nun nur kurze Zeit anhält oder viele Tage, Wochen oder Monate, hängt nicht nur vom jeweiligen Menschen, sondern von vielen äußeren Faktoren, wie beispielsweise dem sozialen Umfeld oder der beruflichen, finanziellen und familiären Situation ab. Sicher hilft es in solchen Situationen, ein grundsätzliches Selbstvertrauen zu haben, um das Licht am Ende des Tunnels zu sehen. Kommen wir noch einmal auf einige Selbstwertgedanken zurück: Die Zuversicht, dass wir mit allen Herausforderungen des Lebens umgehen können, und das Wissen, dass wir alle Liebe, Glück und Erfolg verdient haben. Ein Mensch, der das fühlen kann, wird auch durch sehr schwierige Lebenssituation irgendwie mit dem Glauben an eine bessere Zukunft hindurchgehen können, auch wenn die Krise groß ist und lange dauert.

Eine kleine Zuversichtsliste für Selbstwertkrisen:

- Ich bin mutig und besitze Stärke, auch in meinem Schwachsein. Ich kann das schaffen.

- Ich bin ein schönes Wesen. Ich kann es vielleicht nicht immer spüren, aber ich bin es dennoch.

- Weder meine Fehler noch meine Zweifel und mein Bedauern definieren letztlich, wer ich bin.

- Ich kann mich verändern, und das tue ich für mich. Ich bin mutig und stark genug, das zu schaffen.

- Ich verdiene Liebe und Güte, und ich verdiene es, mich glücklich und hoffnungsvoll zu fühlen. Ich bin geliebt, auch wenn ich es manchmal nicht glauben kann.

- Ich werde mich gut um mich kümmern und verspreche mir, mir selbst ein guter Freund zu sein.

Anmerkung: Wir sind natürlich keine professionellen Therapeuten, sondern können nur unsere Erfahrungen und unser Wissen darüber weitergeben, welche Ressourcen und Gedanken helfen können, um unser Selbstwertgefühl, zu dem auch unser Körpergefühl zählt, stärken und aufbauen können. Bei Erkrankungen wie beispielsweise Depressionen oder Angststörungen sollte der Betroffene unbedingt einen Arzt oder Psychologen aufsuchen.

»*Schönheit ist für mich ein ganz großer Begriff. Ich persönlich finde erst mal jeden Menschen schön, so, wie er ist. Ich beurteile andere nicht. Wenn ich den Menschen dann kennenlerne, beginne ich zu differenzieren. Ist dieser Mensch immer noch schön? Hat er einen ›schönen‹ Charakter?*

Hässlich wird für mich jemand, der von Hass und Neid oder Missgunst zerfressen ist – und dieser Mensch kann rein äußerlich noch so schön sein. Und dann gibt es vielleicht Menschen, die entsprechen nicht den klassischen Beautystandards, sind dick oder sehr klein oder haben ganz kurze Beine oder was auch immer. Und diese Menschen haben ein wunderschönes Inneres, und ihr wunderbarer Charakter macht sie schön. Es ist so gemein, wenn Leute andere Menschen aufgrund äußerer Merkmale vorverurteilen. Dieses Verurteilen ist für mich hässlich. Ich definiere Schönheit darüber, wie du bist, welche Werte du hast, ob du eine schöne Seele hast.

Ein Beispiel: Ich war vor Kurzem gemeinsam mit meinem Freund in der Stadt, um Fotos zu machen. Eines der Outfits war ein Wickelkleid, in dem man auch meine Beine sieht. Ein Pärchen kam vorbei, und die Frau sieht mich an und sagt zu ihrem Partner: ›Hast du das gesehen? Das war ja ekelhaft.‹ Das sind jene Momente, in denen ich so perplex bin über die Aussagen anderer Menschen, dass ich nicht mehr weiß, was ich sagen soll. Es tut mir weh, ja. Aber dann fange ich mich meist wieder, weil ich ja weiß, dass diese Frau mit ihren eigenen Frustrationen zu kämpfen hat. Es geht nicht darum, dass ich jedem gefallen muss. Aber woher nimmt sie sich das Recht, so über mich zu sprechen? Diese Frau ist in diesem Moment aber nicht mehr schön für mich, weil sich wahre Schönheit über den Charakter zeigt.«

Take good care of yourself, Baby – Selbstakzeptanz lernen und Selbstfürsorge leben

Du darfst deine Cellulitis ruhig zum Kotzen finden. Ja, ihr habt richtig gehört. Ihr dürft eure Orangenhaut, eure Schwangerschaftsstreifen und eure Akne richtig scheiße finden. Ihr müsst euren Körper nicht so lieben, wie er ist. Ihr müssten nicht jeden Teil eures Körpers auf der Stelle akzeptieren. Die Idee, dass Body-Positivity bedeutet, dass ihr euch immerzu und mit allem, was ihr seid, lieben müsst, ist wahrscheinlich der Grund, warum es euch so schwerfällt, euch zu akzeptieren. Du kannst deinen Körper nicht lieben? Vollkommen okay. Das ist menschlich und absolut normal, wenn man all unsere Konditionierungen betrachtet. Wir sprachen zuvor schon einmal vom Konzept der Body-Neutrality (siehe Seite 121 ff.), das vielen sympathischer ist als der Selbstliebe-Anspruch. Wir haben ein paar Gedanken zusammengefasst, die dabei helfen können, eine gesunde Sichtweise auf der Reise zur Akzeptanz deines Körpers zu erlangen – Schritt für Schritt.

1. Alles braucht Zeit

Es ist absolut unrealistisch, urplötzlich jeden Teil deines Körpers zu lieben, nur weil dir jemand erzählt, es tun zu müssen. Es ist absolut unrealistisch, alte Konditionierungen und Glaubenssätze über uns im rasanten Tempo abzulegen. Damit füttern wir nur wieder den Perfektionsanspruch, von dem wir uns eigentlich lösen wollen. Auch in Sachen Selbstliebe sollten wir in einen entspannteren Modus fahren. Am Ende verurteilst du dich nur wieder, weil deine Reise zur Selbstakzeptanz nicht schnell genug geht. Diese Reise braucht Zeit. Der Mensch, der du vielleicht werden willst, dein »zukünftiges Selbst«, lernt, es fällt, es steht wieder auf, es steigt auf, es fällt vielleicht noch einmal und so weiter. Lerne, diesen Prozess zu schätzen, als etwas anzusehen, was dich wachsen lässt und dich zu einer Person mit immer mehr Farben und immer mehr Wissen und Weisheit werden lässt.

2. Sieh die Realität so, wie sie ist

Akzeptanz bedeutet im ersten Schritt, die Realität so anzunehmen, wie sie ist. Du hast einen Körper, der jetzt gerade so aussieht, wie er eben aussieht. Und du empfindest so, wie du eben empfindest. Es gibt vielleicht Teile, die du magst, und Teile, die du schrecklich findest. Versuche, weder dem einen noch dem anderen mehr Gewicht und Wertigkeit zu geben. Lass die Realität so zu, wie sie ist. Lass es okay sein, dass du so empfindest, wie du empfindest. Wenn man von dir verlangt, deinen Körper zu lieben, dann beschäftigst du dich unweigerlich mit den Teilen deines Körpers, die du für unakzeptabel hältst, und du wirst versuchen, diese Einstellung mit Druck zu verändern. Versuche lieber, dich mit diesem Gedanken anzufreunden: So, wie ich gerade bin, mit meinem Aussehen und meinen Gefühlen – auch wenn sie unangenehm sind –, lasse ich mich sein. Ich versuche, in diesem Moment nichts daran zu verändern und meinem Körper oder meinen Gefühlen nicht den Krieg anzusagen.

»Ich muss nicht den Ansprüchen von anderen genügen. Ich möchte meinen Ansprüchen genügen. Deshalb ist es wichtig, den Status quo zu analysieren. Ich stehe eng mit mir im Kontakt. Wenn man mal eine Woche allein ist und sich mit sich selbst beschäftigt, ist das nicht unbedingt leicht.

Aber wir sollten alle immer wieder bei uns selbst ›*EINCHECKEN*‹ *und uns ehrlich fragen, wo wir gerade stehen.*

Ich fühle mich gut, so, wie ich bin, aber ich arbeite auch an der Beziehung mit mir selbst.«

• • • • • • •

»Ich bin ein großer Freund vom Nacktsein. Ich liebe es, nackt zu sein. Manchmal sehe ich mich im Spiegel an und denke mir: ›Verena, du bist ein heißer Feger.‹ Und dann habe ich Tage – meistens geschieht das in Umkleidekabinen einer bekannten schwedischen Modekette –, da sehe ich mich und fühle mich im Licht des Grauens nicht besonders wohl. Und wenn ich meine Gewichtsobergrenze überschreite, dann gehe ich auch wieder mehr zum Sport und ver-

suche, ein paar Kilo zu verlieren. Bei Body-Positivity geht es nicht darum, dass man sich immer perfekt findet und immer wohl-fühlt. Mein Körper ist mein Körper, und meine persönliche Bezie-hung zu ihm zählt. Die nackten Tatsachen. Ich möchte meinen Körper so wahrnehmen, wie er ist. Ich setze mich mit meinem Körper auseinander. Wenn ich mich unzufrieden fühle mit dem, was ich sehe, dann kann ich etwas tun.

Ich bin auch kein Gegner von Schönheitsoperationen. Wenn je-mand denkt, dass sein Leben mit größeren Brüsten besser ist oder er sehr unter bestimmten Körpermerkmalen leidet, dann soll er das tun. Ob es diese Person dann wirklich glücklich macht, ist seine Sache und seine Lebenserfahrung. Ich bin einfach ein Ver-fechter davon, nicht zu verurteilen. Ich kann abnehmen, so viel ich will. Und ich kann an mir verändern, was ich will. Wenn ich mich nicht wohlfühle, dann kann ich entscheiden, das zu tun, was auch immer mir dabei hilft, mich besser zu fühlen. Es geht – und das kann man nicht oft genug betonen – um Selbstbestimmung.

Es geht niemand etwas an, was ich mit meinem Körper mache.

ICH DARF MIT MEINEM KÖRPER TUN, WAS ICH WILL.

Wenn ich ihn zeigen will, zeige ich ihn. Wenn ich ihn verändern will, dann verändere ich ihn. Aber ich will nicht für ihn verurteilt oder wegen ihm beurteilt werden, egal, wie er sich gerade zeigt.

Wenn es dir nicht gefällt, wie ich aussehe, dann sieh weg und lebe dein Leben.«

3. Mache dir bewusst, was du mit bestimmten Idealen verbindest

Wir haben viel darüber geschrieben, wie unsere Gesellschaft die Begriffe »dünn« und »dick« wertet. Mache dir bewusst, was du persönlich mit diesen Begriffen verbindest. Gerade Menschen, die große Angst davor haben zuzunehmen, oder die unbedingt abnehmen wollen, verbinden das Ideal »dünn/schlank« mit etwas Positivem, während »mollig/dick« für etwas Abstoßendes, nicht Erstrebenswertes steht. Die Begriffe kann man austauschen durch klein oder groß, hellhäutig, dunkelhäutig, kurzhaarig oder langhaarig – was auch immer es ist, was dich davon abhält, deinen Körper so anzunehmen, wie er ist.

Werde dir bewusst, wie tief diese Konditionierungen bei dir sitzen und welche Angst für dich beispielsweise mit einem hohen Gewicht oder einer bestimmten Kleidergröße einhergeht. Mache dir eine Liste, für was ein dicker oder sagen wir »nicht schönheitsidealkonformer« Körper und für was ein dünner oder »Idealkörper« in deinem Glaubenssystem steht. Einige dieser Fragen könnten sein:

- Für was steht Schlanksein für dich?
- Für was steht Dicksein für dich?
- Wann dachtest du das erste Mal, dass mit deinem Körper etwas nicht stimmt, und warum?
- Warum machst du Diäten?
- Warum fällt es dir so schwer, nicht auf Diät zu sein?

- Warum hast du Angst davor, zuzunehmen?
- Warum willst du unbedingt abnehmen?
- Glaubst du, du bist als dicker Mensch weniger willkommen in dieser Welt?
- Glaubst du, du bist erst glücklich und ein vollkommener Mensch, wenn du so aussiehst wie die Frauen auf den Magazincovern?
- Glaubst du, du musst möglichst jung aussehen, um attraktiv zu sein?
- Glaubst du, du musst, um einen Partner zu finden, einem bestimmten Aussehen entsprechen?

Es geht wie immer nicht darum, dich für deine Vorstellungen an den Pranger zu stellen. Es ist okay, was du denkst und fühlst. Wir alle wurden von Kindesbeinen an auf bestimmte Ideale getrimmt. Es geht hier um die Bewusstmachung, um »Selbst-Bewusstsein«. Du kannst etwas verändern, wenn du unter deinem Aussehen massiv leidest. Du darfst alles mit deinem Körper machen. Es ist dein Körper. Aber beginne damit, einen Schritt auf dich zuzugehen. Du hast vielleicht viel gelitten unter dem Druck der gesellschaftlichen Norm. Wenn wir aber nicht selbst auf uns zugehen – auch in kleinen Schritten –, wer wird es dann tun?

Wir können etwas verändern in Bezug darauf, wie die Gesellschaft Schönheitsideale definiert. Aber die Bewusstmachung, wie viel wir von diesem Druck auf uns selbst anwenden und übernommen haben, beginnt bei uns. Dazu müssen wir ein wenig in dem wühlen, was diesen Druck bei uns auslöst. Wir glauben fest daran, dass wir die Geschichte, die man uns erzählt hat, umschreiben können. Dazu müssen wir sie aber kennen.

»Schönheit wird ja in unserer Gesellschaft wie ein Wert, wie eine Ware betrachtet.

Wenn du den **STANDARDS** *entsprichst, dann hast du Liebe und Aufmerksamkeit verdient. Wenn du den Standards nicht entsprichst, dann darf man dich erniedrigen.*

Man tritt anderen nach, weil man der Meinung ist, sie hätten weniger Wert, nur weil sie einem Ideal nicht entsprechen. Diese Einstellung entmenschlicht andere. Es ist für viele Leute okay, einen dicken Menschen zu verletzen. Als dicker Mensch hast du nicht glücklich zu sein, nicht zufrieden mit deinem Gewicht. Du kannst sozusagen froh sein, wenn man dich halbwegs akzeptiert. Menschen greifen mich dafür an, dass ich Sport mache. Darin liegt für sie ein Widerspruch zu meinem Dicksein. Aber eben nicht für mich. Ich kann doch mit jeder Figur etwas für meinen Körper tun, um mich wohlzufühlen. Sie deuten das aber als Wunsch nach Gewichtsverlust. Dass ich einfach gut zu mir bin, lebensfroh und zufrieden, das will nicht in die Köpfe der Body-Shamer. Weil ihr Bild der frustrierten Dicken mit meinem Auftreten empfindlich gestört wird. Lebensfreude ist nämlich nur den Dünnen vorbehalten. Und hier kommen wir zu einem ganz wichtigen Knackpunkt: Mein Selbstbewusstsein ist für diese

Menschen befremdlich, weil ihres so niedrig ist oder weil sie an ein Narrativ über dicke Menschen glauben, das ich ihnen nicht widerspiegeln kann. Ich bin weder die »glückliche Dicke« noch die »frustrierte Dicke«. Ich bin einfach ich und versuche, mich so gernzuhaben, wie ich gerade bin – ganz authentisch –, und das macht mich selbstbewusst.«

4. Trenne deinen Körper von deinem Wert

Das ist schwer, wir wissen das. Ja, es ist radikal. Aber es ist essenziell. Egal, wie du gestern, heute oder morgen aussehen wirst:

Ein bestimmter Körper
MACHT DICH NICHT
zu einer mehr oder weniger wertvollen Person.

Es macht dich nicht zu einem Menschen, der mehr oder weniger Respekt verdient hat. Wenn wir lernen wollen, unseren Körper zu akzeptieren (und vielleicht sogar irgendwann zu lieben – an manchen Tagen), müssen wir uns selbst als wertvoll anerkennen. Egal, welche Kleidergröße wir tragen, egal, wie unsere Haut aussieht, egal, ob wir schwarz oder weiß, groß oder klein, voller Narben oder Pickel sind. Die Akzeptanz des Körpers hat im eigentlichen Sinne wenig mit dem Körper an sich zu tun. Das mag sich seltsam anhören, es ist aber so. Der wichtigste Schritt ist, die Person, die in diesem Körper wohnt, die Seele, die du bist, deine Wünsche und Träume und Hoffnungen, deine Gutherzigkeit, deinen Willen, deine Stärke, deine

Sensibilität, deine Macken, dein Licht und deine Schatten als wertvoll anzuerkennen.

Stelle dir nicht nur die Frage: Was ist schön an meinem Körper? Stelle dir die Frage: Was ist schön an meiner Seele? Wisse, wer du bist. Und versprecke dir, dass du versuchst, gut zu dir zu sein. Stelle dir Fragen, sei spielerisch und hoffnungsvoll. Entdecke dich selbst (wieder), unabhängig von deinem Körper. Es ist eine Reise.

Tipps, die diese Reise begleiten können, sind:

- Denkt an unsere Illustrationen zu Beginn des Buchs. Schönheitsideale ändern sich, mitunter rasant – und sind auch nicht überall auf der Welt gleich. Versuche, dich den eng umrissenen Schönheitsidealen dieser Gesellschaft nicht zu unterwerfen, in fünf Jahren sind sie vielleicht schon wieder vorbei.

- Mache keine Diät. Mache keine Diät. Mache keine Diät! Wenn du etwas an deiner Ernährung ändern möchtest, dann setze eine langfristige Veränderung an. Das fällt in den Bereich »Selbstfürsorge« und hat nichts mit der »schnellen Lösung« einer Diät zu tun. Mehr dazu später im Buch, wenn es um »Emotional Eating« und Diäten geht.

- Zeige einer Gesellschaft, die dir sagen will, dass das wichtigste Attribut einer Frau ihr Aussehen ist, den Mittelfinger. Big times!

- Lege den Fokus nach innen: Entdecke dich und wer du bist, unabhängig von deinem Körper.

- Lerne, dich selbst mit Respekt, Mitgefühl, Güte und Sanftheit zu sehen. Auch an den Tagen, an denen du dich mies fühlst oder ungeduldig mit dir bist.

- Das Außen bedingt das Innen und umgekehrt: Du musst die »Äußerlichkeiten« nicht verfluchen. Du kannst Sport machen, dich pflegen, dich stylen, dich schminken, abnehmen, zunehmen, in ein Spa gehen oder dir die Haare neu machen – was auch immer du mit deinem Körper tun willst. Aber solange du glaubst, dass dein Wert von deinem Aussehen abhängt, ist das alles nur ein »quick fix«. Tu dir Gutes (was auch immer für dich gut ist), weil du weißt, du bist es wert. Tu dir Gutes, weil du weißt, du fühlst dich danach besser. Aber wisse: Du als Mensch bist immer gut, bist immer wertvoll, unabhängig davon, was du tust, um dich gut zu fühlen.

»Früher habe ich mich auch viel über materielle Dinge definiert. Heute sehe ich die Produkte, die ich nutze oder die ich mir kaufe, eher als etwas, was unterstreicht, was ich schon bin oder wie ich mich fühle. Aber ich kann mir kein Selbstbewusstsein aufschminken. Natürlich definieren wir uns alle auch über Äußerlichkeiten. Aber hauptsächlich definiere ich mich darüber, wie ich mit mir und anderen umgehe. Und ich finde, ich bin ein liebevoller Mensch. Und das ist eigentlich mein Lebensgefühl, was dazu führt, dass ich mich in erster Linie schön finde. Ich respektiere andere, ich verurteile niemand, den ich kennenlerne. Ich

bin hilfsbereit und emphatisch. Darauf achte ich. Das kommt bestimmt auch durch meine eigenen Erfahrungen. Aber das ist für mich in erster Linie Schönsein – und dann kommen für mich die Dinge, die mir äußerlich dabei helfen, mich besser zu fühlen.«

Perfectly unperfect – das Leben ist zu kurz, um dich selbst zu bekriegen

Manche sagen, dass Frauen ab Ende 20 oder Anfang 30 beginnen, eine entspanntere Haltung gegenüber sich und der langen Liste an Perfektionsansprüchen einzunehmen, mit der sie sich viele Jahre mehr oder minder stark gequält haben. Das trifft sicher nicht auf jeden von uns zu – schließlich werden wir ja sehr stark auf Jugendlichkeit getrimmt, und gerade das Alter macht vielen von uns zusätzlich Angst. Aber das eigene Leben stärker im psychischen Entspannungsmodus ablaufen zu lassen ist zumindest aus unserer Sicht empfehlenswert.

Noch einmal: Das heißt NICHT, dass wir unsere Handlungen nicht mehr infrage stellen dürfen, es heißt nicht, dass wir nichts an uns verändern sollen, es heißt auch nicht, dass wir uns keine hohen Ziele stecken dürfen. Es heißt nur, dass wir versuchen sollten, all das nicht als unser größter Kritiker, sondern als ehrlicher Freund zu tun. Für Frauen gilt oft der Anspruch: Erledige alles, und das möglichst perfekt – und sieh dabei noch möglichst gut aus. Jongliere Beruf, Familie, Sport, Steuererklärung, Hausputz, Sozialleben und gesellschaftliches Engagement mit absoluter Leichtigkeit. Was Frauen sollen und was nicht, welcher Verhaltenskodex angeblich für sie gilt, das ist oft nicht so klar, denn beizeiten bekommt man das Gefühl, dass Frauen für regelrecht alles »geshamed« werden. Niemals sind sie »gut genug« in ihrem Frausein. Beispiele gefällig?

Gern:
- Du leitest eine Firma? Rabenmutter.
- Hausfrau? Langweilig.
- Kein Make-up? Mach doch mal was aus dir.
- Viel Make-up? Die sieht ja aus wie ein Clown.
- Mitte 30 und noch keine Kinder? Uh, uh, die biologische Uhr tickt.
- Sexy Hexy? Du bist zu alt/dick für diese Art von Kleidung.
- Sexuell aktiv? Schlampe.
- Keine Lust? Frigide.
- Du wärst so hübsch, wenn du nur mehr aus dir machen würdest.
- Ist er etwa kleiner als du?
- Was isst du denn da schon wieder?
- Du bist so bossy/emotional/hypersensitiv.
- Du stillst in der Öffentlichkeit?
- Du hast abgetrieben?
- Deine Kleidung lenkt die Männer ab.

Bla, bla, bla, bla, bla, bla, bla …

Viele von uns haben den Perfektionsanspruch, der sich nie erfüllen lässt, einfach satt. Er hat uns müde gemacht oder langweilt uns. Oder sitzt uns so tief im Nacken, dass wir gar nicht mehr anders können, als ihn von uns zu stoßen, damit wir uns endlich einmal entspannt hinsetzen können, während wir einen großen, wohltuenden Seufzer ausstoßen und unser Bäuchlein und unser nicht abgespültes Geschirr einfach mal da sein lassen, wo es gerade ist. Perfectly unperfect. Viele von uns wollen nicht mehr durch ihr Leben hetzten, getrieben von einem Idealbild, das wir erreichen sollen. Und wenn wir dann endlich »nah dran« sind, müssen wir uns abmühen, es auch bei-zubehalten. Wir wollen wir selbst sein können. Denn das Leben ist zu kurz, um gegen uns selbst Krieg zu führen, nur weil wir dem Perfekten entsprechen sollen. Wir wollen das Unperfekte unperfekt sein lassen – und vielleicht irgendwann sogar feiern (wenn wir es können).

Wir Frauen wollen sagen können: »Ja, ich habe Schwanger-schaftsstreifen. Ja, ich habe Cellulitis. Ja, ich habe einen kleinen Busen. Ja, ich werde älter. Ja, ich kann vieles an mir oft nicht leiden. Ja, ich habe Ängste. Ja, ich fühle mich auch manchmal schwach. Ja, ich habe vielleicht die ein oder andere Macke. Ja, ich bin heute ungeduldig mit mir selbst gewesen. Ja, auch mei-ne Reise zur Selbstliebe folgt keiner geraden Linie. Aber: Das ist verdammt noch mal okay.«

Wir wollen zu unserer

VERLETZLICHKEIT

stehen wie zu unserer

STÄRKE.

Und uns mit anderen dadurch auch verbinden. Denn viele von uns fühlen ähnlich, wir sprechen nur nicht häufig genug darü-ber. Unser Leben, das ist trotzdem oder gerade wegen unserer unperfekten Perfektheit lebenswert und spannend.

»Letztens sah ich ein kleines dickeres Mädchen im Schwimmbad. Und ich sah mich selbst in diesem Mädchen und fühlte eine gewisse Melancholie. Weil ich weiß, dass sie es vielleicht nicht leicht haben wird oder schon nicht leicht hat, dass man sie eventuell auch mobben wird oder für ihr Gewicht verurteilen. Wenn ich diesem kleinen Mädchen etwas mitgeben könnte, dann dass es besser wird, dass sie genügt für diese Welt, dass sie es wert ist, geliebt zu werden, so wie jeder andere Mensch. Und dass sie niemandem glauben soll, der ihr erzählt, dass dem nicht so ist.«

EXKURS
50 Leute, eine Frage
● ●

»Wenn es eine Sache gäbe, die du an deinem Körper ändern würdest, was wäre es?«

Diese Frage wurde 50 Menschen in dem Video *50 People 1 Question* gestellt.

Zuerst sieht man die erwachsenen Teilnehmer. Die Antworten finden sich schnell. Die meisten Erwachsenen wissen sofort, was mit ihnen nicht stimmt. Die krummen Füße, die kantige Stirn, die schmalen Augen … Es sind oft die Stimmen von außen, die ihnen erzählt haben, dass etwas bei ihnen nicht passt. Die Erwachsenen im Video sehen nachdenklich aus, so, als würden sie sich, während sie ihre Antwort geben, wieder an den Schmerz erinnern, als würden sie ihn wieder fühlen.

Dann kommt ein Cut. Die Kinder sind dran. Sie bekommen die gleiche Frage gestellt. Was würdest du an deinem Körper ändern – nur eine Sache …

Das scheint irgendwie gar nicht so leicht zu sein. Und was dann passiert, zeigt die Magie von Kindern. Die Magie, die uns auf unserem Weg leider oft verloren geht. Keinem der Kinder kommt in den Sinn, dass es etwas an sich hätte, was hässlich sei und was es zu verändern gäbe. Nein, es gibt vielleicht nur noch etwas hinzuzufügen. Ein Haifischmaul möchte ein kleiner Junge. Damit er mehr essen kann. Ein Meerjungfrauenschwanz wäre cool, findet ein kleines rothaariges Mädchen mit Zahnspange. Wie wäre es mit Flügeln, damit man ganz hoch fliegen kann?

Die Antworten der Kinder sind nicht nur süß, sie sind mehr als das. Sie zeigen, dass wir nicht als unser größter Kritiker geboren werden. Sie zeigen, dass wir uns als Kinder so viel mehr erträumen und unserem Körper so vieles zutrauen. Dass wir vielleicht fliegen könnten oder extraschnell rennen. Unser Körper ist nicht schlecht. Er ist ein Ort der Möglichkeiten. »An mir gibt es nichts zu ändern«, sagt ein Kind. Und man möchte es umarmen und sagen, dass es niemals etwas anderes glauben soll, egal, was man ihm erzählen wird.

Das Video endet mit der Frage: »Wann hast du dich das letzte Mal in deinem Körper wohlgefühlt?« Und man erwischt sich dabei, Sehnsucht zu verspüren nach der Freiheit, die in Kinderköpfen herrscht.

Selbstfürsorge ist Selbstmitgefühl

Selbstfürsorge ist es, sich selbst mitfühlend zu begegnen. Denn wer verhärtet gegenüber sich selbst auftritt, der kommt meist in einen Zustand von Stress, der immer größer wird. Wir alle kommen immer wieder an Punkte, an denen wir frustriert sind, an denen wir von uns oder der Welt enttäuscht sind. Manchmal geht uns alles nicht schnell genug. Selbstmitgefühl weiß, dass wir grundsätzlich gut sind, und lässt uns das auch spüren.

Selbstmitgefühl kann sich schon daran zeigen, dass wir zu uns selbst sagen: »Es ist ganz schön hart zur Zeit.« Wir können einen Seufzer ausstoßen, uns die Hand aufs Herz legen und sagen: »Es ist okay. Ich sehe das.« Unser mitfühlender innerer Freund weiß, dass das Leben nicht geradlinig abläuft, dass jeder Rückschlag auch eine Chance für etwas Neues ist und dass wir jeden Tag, jeden Moment von Neuem beginnen können. Wir sind keine Maschinen, und wir müssen nicht jedem Anspruch gerecht werden. Selbstmitgefühl entspannt unser Herz und unseren Körper. Es macht uns weich und liebevoll. Selbstmitgefühl schützt uns vor schädlichen Einflüssen und weiß, wann es Zeit ist, »Nein« zu sagen.

Wir brauchen einen gewissen Mut zur Verletzlichkeit, um uns selbst mitfühlend zu begegnen. Wir müssen uns trauen, auch die unangenehmen Gefühle zuzulassen. Wenn wir lernen, dass wir uns selbst auffangen können, wenn wir auch unsere verurteilenden Gedanken annehmen und uns dafür nicht wieder verurteilen, dann lernen wir mit der Zeit, dass wir uns auf uns verlassen können. Dass da immer jemand ist, der uns auffängt – wir selbst.

Selbstfürsorge ist auch, sich Hilfe zu suchen

Selbstfürsorge ist auch, sich in Zeiten, in denen man sich nicht gut fühlt, an andere Menschen zu wenden, gerade wenn wir das Gefühl haben, dass wir es nicht ganz allein schaffen, wieder in eine bessere Stimmung zu gelangen. Auch wenn es manchmal so erscheint, als ginge es (allen) anderen Menschen besser als uns, sind wir mit unseren Sorgen und Problemen, unseren Depri-Tagen oder auch psychischen Erkrankungen nicht allein. Es ist wichtig, dass wir uns nicht aus Angst vor Zurückweisung verkriechen. Selbst wenn wir keine Freunde haben, an die wir uns vertrauensvoll wenden können, gibt es öffentliche Stellen, an denen wir professionelle Hilfe bekommen können.

»Wir alle haben Tage oder Phasen, in denen wir down sind. Wir wachen auf, es ist grau draußen, wir sind empfindlich, oder wir haben eine Prüfung versemmelt, und das belastet uns. Genau jetzt ist Selbstfürsorge wichtig.

Wenn es mir nicht gut geht, dann ist oft der erste Gedanke, was ich jetzt für mich selbst tun könnte. Das ist manchmal auch etwas ganz Materielles, etwas Schönes zum Anziehen beispielsweise. Oder ich gehe schwimmen oder mache mir eine schöne Maniküre. Ich nehme mir Zeit für mich, ich gehe in die Natur oder lese ein Buch. Früher habe ich mich in diese Phasen oft hineinfallen lassen. Heute fühle ich eine Verantwortung, diesen Momenten oder Tagen entgegenzuwirken. Gegenüber meinem Job, meinem Hund, aber auch mir selbst. Ich gehe oft in die Aktivität, nicht um vor meinen Problemen davonzulaufen, sondern mit dem Gedanken: Was tut mir jetzt gut? Und das kann natürlich auch mal sein, mich zu vergraben. Aber auch da suche ich mir oft Hilfe, rufe eine Freundin an und rede über das, was mich bewegt. Oder wir quatschen über ganz banale Dinge, und die Welt sieht dann schon wieder besser aus.

Ich glaube, wir teilen unsere Probleme nicht genug. Wir sollten viel mehr miteinander sprechen, uns mitteilen und auch zu schwachen Momenten stehen. Einsamkeit ist ein großes Problem, auch bei jungen Leuten. Ich gehe ganz aktiv auf andere zu, frage: ›Hast du vielleicht Zeit für mich?‹ Ich schreibe keine Textmessages, sondern suche wirklich menschlichen Kontakt über die Stimme oder ein persönliches Treffen. Es ist okay, nicht okay zu sein.«

Selbstfürsorge ist auch manchmal streng

Selbstfürsorge wird oft mit Aromabädern, Gesichtsmasken und Spa-Tagen gleichgesetzt. Uns selbst Gutes zu tun und unseren Körper zu pflegen und liebevoll zu ihm zu sein ist ein wichtiger Teil der Selbstfürsorge. Manchmal ist Selbstfürsorge aber auch streng, gerade wenn wir unseren Körper vernachlässigen oder die Dinge, die wir uns eigentlich vorgenommen haben, nicht einhalten oder sogar destruktiv mit uns umgehen. Dann bedeutet Selbstfürsorge, sich selbst an die Hand zu nehmen oder auch mal auf den Tisch zu hauen.

»Ausgewogenheit ist wichtig. Ich mag es nicht zu jammern und mich zu beschweren, aber trotzdem nichts zu tun, weil man dann meist in der Opferposition verharrt.

Ich finde, es gehört manchmal schon ein wenig ARBEIT ZUR SELBST-FÜRSORGE.

Wenn wir spüren, dass unsere Taten Erfolg zeigen, dann sind wir automatisch selbstsicherer. Wir vertrauen uns selbst mehr.

Sich innerlich und äußerlich zu pflegen ist ein Ausdruck von Selbstrespekt und Selbstliebe. Das kann im Alltag stattfinden, wenn du zum Friseur gehst, dir etwas Leckeres kochst oder Sport machst. Es kann aber genauso gut sein, dass du jetzt einfach mal etwas Süßes brauchst. Die Beziehung zu dir selbst ist etwas, woran du arbeiten musst, gerade wenn dein Selbstbewusstsein wackelt. Es ist extrem wichtig, dass du ehrlich zu dir bist. Wenn dich etwas stört und du etwas verändern willst, dann musst du in Aktion treten. Von nichts kommt nichts. Eine ausgewogene Form von Disziplin und Arbeit gehört für mich zur Selbstfürsorge genauso dazu, wie alle fünfe gerade sein zu lassen. Dann müssen wir auch manchmal Dinge tun, die anstrengen. Wir müssen Herausforderungen annehmen und sagen: ›Ja, ich will mich selbst respektieren und lieben lernen. Und deshalb verzichte ich jetzt mal auf dieses oder jenes. Oder ich gehe zum Sport und ernähre mich gesund. Oder ich wage mich an einen neuen Haarschnitt. Oder ich gönne mir eben eine Tafel Schokolade, weil mir mein Körper sagt, dass ich das gerade brauche.‹«

Den durch Perfektionsansprüche ausgelösten Clinch mit sich selbst auflösen zu wollen ist eine wichtige und richtige Sache. Mit seinem Verhalten dann aber in die genau entgegengesetzte Richtung »auszuschlagen« ist auch nicht sonderlich empfehlenswert. Extreme sind meistens nicht hilfreich, wenn es um eine gesunde Beziehung mit sich selbst geht, Balance ist das Stichwort. Und diese Balance erschaffen wir alle individuell für uns selbst. Sich den gesellschaftlichen Ansprüchen an die »perfekte Frau« oder den »perfekten Mann« widersetzen zu wollen bedeutet nicht, dass wir nun nur noch auf dem Sofa sitzen und uns keine Ziele mehr setzen. Selbstwertgefühl speist sich auch aus dem Gefühl der Selbstwirksamkeit, wie wir ja schon beschrieben haben. Und es ist wichtig, Selbstfürsorge nicht mit Nachlässigkeit in Bezug auf uns selbst gleichzusetzen. Klar: Wir alle sind manchmal nachlässig, aber auf längere Zeit dient uns diese Nachlässigkeit nicht, wenn wir uns eigentlich mit ihr schlecht fühlen. Letztlich ist es so: Nehmen wir an, wir setzen uns das Ziel, regelmäßig Sport zu treiben. Vielleicht nicht einmal, weil wir abnehmen wollen. Sondern einfach, weil es unserer Stimmung guttut, wir uns fit fühlen oder unseren Körper spüren wollen. Natürlich werden wir keine Fitnessqueens, wenn wir stattdessen auf dem Sofa sitzen bleiben. Wenn wir wissen, dass wir uns mit einer Verhaltensveränderung besser fühlen könnten oder werden, es aber nicht tun, dann ist das ein wenig wie unterlassene Hilfeleistung – und stärkt unser Selbstwertgefühl nicht gerade. Wir respektieren uns nicht, wenn wir uns belügen oder uns mit unseren Vorhaben nicht ernst nehmen. Deshalb ist Selbstfürsorge auch manchmal mit radikaler Ehrlichkeit sich selbst gegenüber verbunden.

Wer sich selbst ein guter Freund ist, der muss sich manchmal mit dem, was man im Englischen »tough love« nennt, begegnen. Strenge Liebe ist auch Liebe, nur kommt sie ohne Scham und Verurteilung aus. Manchmal müssen wir uns einfach hinsetzen und die Fakten auf den Tisch legen. So unangenehm es auch ist. Wir dürfen streng mit uns sein, wenn unser Verhalten nicht der »besten Version« (der liebevollsten, nicht der perfekten) von uns selbst dient, uns in Schwierigkeiten bringt oder wir merken, dass wir uns selbst belügen. Zwischen Beschämen und radikaler Ehrlichkeit besteht ein Unterschied. Unser strenger innerer Freund sagt nicht: »Ich bin schlecht, weil ich auf dem Sofa sitzen geblieben bin. Ich bin ein faules Miststück und sollte mich schämen.« Dieser Freund ist eher pragmatisch und sagt sich: »Okay, es ist eine Milchmädchenrechnung. Ich bin jetzt drei Wochen und vier Tage auf dem Sofa sitzen geblieben, obwohl ich eigentlich Sport machen wollte, weil es mir dann besser geht mit mir und meinem Körper. Das ist die Realität. Ich bin trotzdem ein liebenswerter und wertvoller Mensch, aber ich war eben nicht ganz ehrlich zu mir. Was mach ich nun: Will ich mein Vorhaben durchführen, oder will ich es nicht?«

Der strenge innere Freund erinnert uns an die ungeöffneten Briefe und die noch nicht erledigte Steuererklärung. Er sagt uns, wenn wir uns selbst niedermachen (ja, der strenge innere Freund hält unseren inneren Abwerter in Schach) oder seit ewigen Zeiten Dinge vor uns herschieben. Der strenge innere Freund weist daraufhin, wenn wir mit Menschen zu tun haben, die uns missbräuchlich behandeln. Er sagt: »Dir geht es schlecht dabei, tu dir das nicht an.« Noch mal: Es geht hier nicht um Scham. Ein innerer strenger Freund arbeitet mit Ehrlichkeit. Wir beschreiten alle einen Weg, der von Höhen und Tiefen geprägt ist. Das nennt sich Leben. Und dieses Leben ist lebenswerter, wenn wir uns mit dem weichen, mitfühlenden Blick betrachten.

Aber zur Selbstfürsorge gehört manchmal auch liebevolle
SELBSTDISZIPLIN.

Ein Freund, der uns auch mal streng zur Seite nehmen darf und uns ehrlich seine Meinung sagt, ist uns allen lieber als einer, dem es egal zu sein scheint, wenn wir selbstzerstörerisches Verhalten an den Tag legen, oder? Auch wenn es erst mal unangenehm ist, wissen wir letztlich, dass dieser Freund uns konfrontiert, weil er uns gern hat und will, dass wir wachsen. Er beschämt uns dabei aber nicht, weil er weiß: Wir alle haben Rückschläge. Das perfekte Leben, den perfekten Menschen, den gibt es nicht.

»Ich setze mir immer kleine oder größere Ziele, und für mich ist es wichtig, dass ich versuche, diese Ziele auch zu erreichen. Ich sehe es an Verena und mir: Wenn wir Sport treiben, dann ist unser Lebensgefühl ein ganz anderes. Wir alle haben schlechte Tage. Wir alle hängen mal in Jogginghose ab. Aber es tut mir gut, wenn ich mich im Allgemeinen schon daran halte, was ich mir vornehme. Man kann damit ja jeden Tag wieder von Neuem beginnen. Ich denke daran, wie ich mich nach dem Sport fühlen werde. Und das ist immer gut. Wenn ich meinen Schweinehund überwunden habe, dann bin ich stolz auf mich. Und das geht auch ohne Perfektionsanspruch. Wenn es eben mal nicht klappt, dann habe ich die Chance, es wieder zu probieren. Mein Sport ist für mich Selbstfürsorge *und ein Ausdruck meiner Selbstliebe. Ich höre dabei auf mich und was mein Körper braucht. Auch das ist Teil von Body-Positivity.«*

Selbstbewusstsein in Beziehungen – Liebe beyond Size

Selbstbewusstsein in der Liebe ist natürlich ein großes Thema für sich. Damit könnten wir noch ein weiteres Buch füllen. Grundsätzlich ist es spannend zu sehen, wie häufig zum Beispiel gerade Verena die Frage gestellt wird, wie sie als kurvige Frau einen Partner gefunden hat. Natürlich ist es kein Geheimnis, dass in einer Welt, in der Schlankheit so propagiert wird wie in unserer, das Thema Daten für dicke Menschen auch ein schwieriges Thema sein kann. Und trotzdem glauben wir, dass es eben letztlich unser Gefühl von Selbstwert ist, das uns für andere Menschen attraktiv werden lässt und auch Menschen mit einem gesunden Selbstwert anzieht. Das Aussehen ist hier nicht die wichtigste Komponente. Es gibt Topmodels, die sich für toxische Beziehungen entscheiden, in denen sie belogen, betrogen und ausgenutzt werden. Viele schlaue, erfolgreiche und schöne Frauen sind in Beziehungen in alten Mustern von Ablehnung und Wertlosigkeit gefangen. Unsere Aussehen sagt nichts über die Qualität unserer Beziehungen aus. Und unsere Beziehungen sagen nichts über unseren Wert aus. Aber

UNSER WERTGEFÜHL
wird bestimmen, auf welche Art von Beziehung wir uns einlassen.

Eine Frau, die sich respektiert, wird auf Dauer keinen Partner zulassen, der sie schlecht behandelt. Und eine Frau, die sich wertschätzt und die strahlt, wirkt auf andere attraktiv und anziehend, egal, ob sie nun Größe 36 oder 48 trägt. Es mag sein, dass es Männer gibt, die nur auf Schlankheit achten. Aber ganz ehrlich: Will man mit so einem Mann zusammen sein?

In Sachen Beziehung ist die spannende Frage weniger: »Wie kann ich einen Mann dazu bringen, mich toll zu finden?« Die Frage ist: »Was will ich von einer Partnerschaft? Welche Eigenschaften muss ein Mensch mitbringen, dass ich mit ihm meine Zeit teilen will?«

Die Beziehung zu uns selbst ist die wichtigste. Solange wir glauben, ein Partner wird uns das Wertgefühl geben, was wir nicht in uns tragen, setzen wir uns Herzschmerz aus. Wenn wir dann verlassen werden oder die Beziehung in die Brüche geht, dann ist das Gefühl von Wert wieder futsch. Das ist kein guter Ausgangspunkt.

Wir sind nicht perfekt, unser Partner wird es auch nicht sein. Aber wir sind wertvoll. Wir sollten unsere Beziehungen an diesem Gefühl messen. Wenn wir unseren Wert erkennen, behandeln wir uns selbst automatisch besser und bringen andere dazu, es auch zu tun. So, wie wir mit uns umgehen, werden wir auch mit unserem Partner umgehen und umgekehrt. Wird unsere Liebe nicht erwidert, oder werden wir nicht respektiert, dann wird uns die Überzeugung unseres Werts dazu bringen, dieses Verhalten ganz natürlich von uns zu weisen.

Der Mann fährt zweigleisig? Er hat dich nicht verdient.

Er will, dass du für ihn abnimmst? Er hat dich nicht verdient.

Du musst dich verbiegen, und er mäkelt ständig an dir herum? Er hat dich nicht verdient.

Lass ihn weiterziehen. Wenn du denkst, du müsstest froh sein, dass du überhaupt einen Partner findest, dann ist das der denkbar schlechteste Ansatz für eine liebevolle Beziehung. Lass dich auf kein krummes Tauschgeschäft ein, wenn es um die Liebe geht. Du wirst dich, wenn du mit dieser Einstellung in eine Beziehung gehst, immer kleinmachen und klein fühlen. Du wirst vielleicht Dinge in Kauf nehmen, die dir nicht guttun. Dieses Ungleichgewicht wird dir nicht gerecht. Glaube an deinen Wert, spüre ihn, arbeite an der Beziehung zu dir und praktiziere Self-Care. Und dann begib dich auf die Suche. Oder lass dich finden :)

»Ich finde es erstaunlich, wie sehr wir Frauen immer noch in der Rolle des schönen Geschlechts sind und glauben, es sei unglaublich wichtig, was Männer über unser Aussehen denken. Wir bringen doch so viel mehr in Beziehungen ein als unser Aussehen. Aber diese Konditionierung sitzt tief. Auch ich erwische mich dabei, dass es mich mehr trifft, wenn ein Mann mein Aussehen beurteilt, als wenn eine Frau es tut. Aber dann denke ich mir: ›Was für ein Quatsch.‹

Wir alle haben unsere eigene Schönheit. Ich finde große, grazile Models auf den Laufstegen schön. Aber das bedeutet nicht, dass ich so aussehen muss oder will. Man kann nie wie eine andere

Person sein. Ich bringe das mit, was ich mitbringe. Die Schönheit eines anderen macht meine eigene nicht kleiner. Höre auf, dich mit anderer Schönheit zu vergleichen und zu glauben, du seist es aufgrund deines Äußeren nicht wert, geliebt zu werden. Wenn ich Menschen kennenlerne und die kleinen, subtilen Eigenheiten beobachte – wie sie herzlich lachen, wie sie mit anderen umgehen –, dann sehe ich ihre wahre Schönheit. Das ist zum Verlieben.

Verena zum Beispiel wird abends beim Tanzen gehen oft angesprochen. Männer fühlen sich von ihr angezogen, weil sie eine strahlende und nahbare Frau ist. Sie ist nicht nur hübsch, sie ist ein schöner Mensch – ungeachtet ihrer Kleidergröße. Sie bringt das Selbstbewusstsein mit, das sagt: ›Ich bin es wert, geliebt zu werden.‹«

Sex meets Body Confidence: eine gute Kombination

Dass wir in einer Gesellschaft leben, in der Frauen in Medien und Werbung häufig stark sexualisiert dargestellt werden, haben wir bereits thematisiert. Unser Sexleben ist, trotz oder gerade, weil dem so ist, ein sehr sensibles Thema. Sex ist für viele von uns mit Unsicherheiten verbunden, egal, ob Mann oder Frau. In einer Welt, in der Pornos im Netz frei zugänglich sind und wir auf Plakaten und in den Medien ständig mit dem Dauerthema Sex konfrontiert sind, könnte man schnell meinen, wir alle sind die absoluten Sexbomben, die ungetrübt von Unsicherheiten vom einen ins nächste Bett springen. So cool sind die meisten mit dem Thema Sex aber nicht.

Gerade wenn wir uns mit unserem Körper nicht wohlfühlen, fällt es uns schwer, uns im Bett fallen zu lassen. Das heißt nicht, dass wir keinen guten Sex haben können. Es bedeutet aber womöglich, dass er nicht ganz und gar erfüllend für uns ist. Ein gutes Verhältnis zu uns selbst ist auch beim Sex der Wegbereiter für Erfüllung. Denn ein wirklich gutes Sexleben hat viel mit Intimität, mit Verletzlichkeit zu tun. Wir müssen uns trauen können, auch diese Verletzlichkeit mit einzubringen. Niemand muss sich zu 100 Prozent lieben, um im Bett erfüllt zu werden oder erfüllend zu sein. Aber es ist hilfreich, mit sich und seinem Körper in Verbindung zu treten. Nur dann können wir unsere Bedürfnisse spüren.

Frauen reden noch immer viel zu wenig über ihre sexuellen Wünsche und Fantasien. Darüber, was ihnen Spaß macht, wie sie zum Orgasmus kommen können. Die weibliche Sexualität wird immer noch zu sehr wie ein Stiefkind behandelt. Unsere Wünsche sind aber genauso wichtig, sie sind gleichwertig mit den sexuellen Wünschen eines Mannes. Diese Wünsche zu kommunizieren mag schwer sein, es ist aber ein unabdingbarer Teil eines selbstbewussten und selbstbestimmten Sexuallebens. Es ist nicht leicht, sich einem anderen Mensch zu öffnen. Und es wird noch schwieriger, wenn wir dabei über unseren Körper und was mit ihm nicht stimmen könnte nachdenken. Wer kann sich einer Sache voll und ganz hingeben, wenn er damit beschäftigt ist, sich zu verstecken oder sich zu fragen, wie der eigene Hintern gerade aussieht? Wir wollen hier nun keine Liste mit Tipps für besseren Sex erstellen, denn die Problematik, die dahinterliegt, ist bekannt und Thema dieses Buchs. Wir wollen dazu ermutigen, sich weiter auf die Reise zur Selbstakzeptanz zu machen, damit jeder auch in seinem Sexleben das bekommt, was er verdient: Spaß, Lebensfreude, Erfüllung, Liebe, Intimität, Lust. Wie gesagt: Wir wissen, dass Sex ein heikles Thema ist und bei vielen Frauen mit sehr schwierigen Gefühlen verbunden ist. Aber wir wissen auch, dass sich das Sexleben mit einer guten Beziehung zum eigenen Körper verbessern kann. Denn guter Sex beginnt mit einem guten Gefühl dir gegenüber.

Emotionales Essen – der unstillbare Hunger

Emotionales Essen ist für uns ein wichtiges Thema. Weil wir beide davon betroffen sind. Und wir so viele Menschen kennen, die ebenfalls von sich behaupten würden, dass ihr Essverhalten stark von ihren Emotionen oder Lebensumständen abhängt. Wir sind da selbst noch auf dem Weg zur Ausgeglichenheit und hoffen, mit dem Thematisieren von Emotional Eating auch bei dir den ein oder anderen Gedanken anstoßen zu können.

»Emotional Eating ist für mich nach wie vor ein ganz großer Punkt. Ich bin durch emotionales Essen dick geworden. Aber ich habe auch heute noch Tage, an denen ich aus emotionalen Gründen esse. Und ich glaube, es geht vielen Menschen so. Ich versuche, keine Süßigkeiten zu Hause zu haben, weil ich ein Problem mit unkontrolliertem Snacken habe. An Tagen, an denen es mir nicht gut geht und ich zum Beispiel PMS habe, ist es besonders schlimm. Letztens hatte ich so einen Tag, an dem mir alles zu viel war. Mir ging es schlecht, ich war auf dem Nachhauseweg und sah einen McDonald's. Und ich dachte dann: ›So, jetzt fahre ich zu McDrive und hole mir ein Burger-Menü.‹ Eine klassische Emotional-Eating-Situation, in der ich dachte, Fast Food würde mich jetzt glücklich machen.

Dann habe ich einem Freund von mir geschrieben, mit dem ich oft über das Essen spreche, und er fragte mich, ob das jetzt wirklich sein müsse. Und nachdem ich dann die Bestellung aufgegeben hatte und nach Hause fuhr, habe ich mich geärgert. Ich habe ein Zwiegespräch mit mir selbst geführt. Esse ich das jetzt? Zu Hause habe ich die Tüte dann meinem Freund in die Hand gedrückt – und habe mich dagegen entschieden, das Essen diesmal als Kompensation für meinen schlechten Tag zu nutzen.«

Beginnen wir damit: Jedes Essen ist im Grunde emotionales Essen. Denn Essen ist ganz natürlich mit Emotionen verbunden, denn wir müssen ja essen, um zu überleben. Also ist Essen deshalb schon grundsätzlich etwas, das der Mensch mit positiven Gefühlen verbindet. Als Menschen sich ihr Essen noch selbst beschaffen mussten, war das, was am Ende des Tages auf dem Teller lag, die Belohnung für die Mühen der Essensbeschaffung. Essen löste also schon immer positive Gefühle aus oder beendete das negative Gefühl des Hungers. Daran ist also nichts falsch. Viele Jahrtausende musste der Mensch seine Energien in die Essenbeschaffung stecken. Heute leben wir aber in einer Welt, in der Nahrungsmittel, zumindest in manchen Gebieten, im Überfluss vorhanden sind. Wir müssen nicht mehr auf die Jagd gehen, wir erleiden keinen Mangel, die Essenbeschaffung ist ein Kinderspiel. Wir müssen uns nicht einmal mehr die Mühe des Kochens machen, wenn wir nicht wollen. Gleichzeitig essen wir sehr energiehaltig, während wir im Alltag meistens sitzen – und deshalb gibt es natürlich auch eine Neigung zum Übergewicht. Die Zahl der fettleibigen Kinder weltweit hat sich verzehnfacht (120 Millionen Kinder), die Zahl der übergewichtigen Erwachsenen in Deutschland ist laut einem Bericht der Deutschen Gesellschaft für Ernährung aus dem Jahr 2017 so hoch wie noch nie.

59 Prozent der Männer und 37 Prozent der Frauen sind übergewichtig. Nicht nur die Essensbeschaffung hat sich verändert, sondern eben auch die Art, wie wir essen. Meistens tun wir das allein, während die Mahlzeiten früher an das Zusammenkommen mit Familie und Freunde gekoppelt war. Wir essen, wenn wir die Zeit dafür finden. Wir stehen unter Dauerstress, auch beim Essen. Wir essen schnell und häufig auch zwischen Tür und Angel. Wir »spüren« unser Essen nicht mehr mit allen Sinnen. Uns steht also Nahrung im Überfluss zur Verfügung, unser Essverhalten wird nicht mehr durch ein gemeinsames Essen reguliert, und wir haben oder nehmen uns zu wenig Zeit, um bewusst zu essen. Gerade dieses bewusste Essen ist es, was eigentlich dazu führt, uns spüren zu lassen, wie viel und was wir da zu uns nehmen. Und das stillt oft auch den Hunger.

»Ich versuche, nur noch zu essen, wenn ich Hunger habe. Wir alle nehmen uns kaum mehr

ZEIT FÜR EIN BEWUSSTES ESSEN.

Coffee to go, Brötchen auf die Hand, das während des Laufens gegessen wird. Essen ist immer verfügbar und geschieht so nebenher. Ich habe begonnen, mich wieder bewusst mit den Nah-

rungsmitteln, die ich nutze, auseinanderzusetzen, und mir Zeit zu nehmen für das Zubereiten und das Kochen. Ich esse keine Fertigprodukte, sondern koche zu Hause immer frisch. Warum sollte ich mir ein Kartoffelpüree aus der Tüte kaufen, wenn es frisch superleicht herzustellen ist und viel besser schmeckt? Der Vorgang des Kochens ist auch eine Art Bewusstwerden. Ich tue etwas für mich, ich bereite mir etwas zu, ich weiß, was ich da esse. Der Prozess ist auch etwas emotional Befriedigendes. Bei Fast Food und Tütenessen habe ich das nicht.«

Stress erhöht den Energiebedarf des Gehirns. Wir bekommen Heißhunger, ein Verlangen nach schnellen Leckereien. Gerade zuckerhaltige, kohlenhydratreiche und fette Nahrung schafft hier schnell Abhilfe. Das Stück Pizza, die Chips, die Schokolade geben unserem Körper einen meist recht kurzen Fix, aber er tut gut. Das schlechte Gewissen, das wir deshalb haben, löst dann oft wieder neuen Stress aus. Eine gesunde Art zu essen hat also meist auch etwas mit Stressreduzierung zu tun. Wir müssen uns auf unser Essen wieder einlassen und spüren, was unser Körper wann braucht.

»Natürlich ist Essen oft ein Ersatz. Gegen Langeweile. Gegen Stress. Oder wir essen ›unbewusst‹ beim Fernsehen. Wir schauen einen Film und greifen ständig zu Snacks. Diese Art von Essen ist mein allergrößter Feind. Ich bin eine ›Random-Esserin‹. Was ich lernen muss, ist, das Zwischendrin-Essen sein zu lassen und bewusst und zu festen Zeiten zu essen. Ich gehe immer häufiger mit mir in den Dialog und sage mir: ›So, Verena, das muss jetzt

nicht sein. Lass es.‹ Nur weil ich eine Stunde auf dem Crosstrainer stand, muss ich nicht danach eine halbe Tafel Schokolade verdrücken. Denn ich will ja fitter werden und mehr Sport treiben. Die Rechnung Sport und dann als ›Belohnung‹ Fast Food und Süßes futtern, geht bei diesem Ziel nicht auf. Ja, ich habe ein gestörtes Verhältnis zum Essen. Viele von uns haben das. Wenn ich aufgrund emotionaler Probleme esse, dann ist das eine Störung. Wenn jemand auf Essen verzichtet und sich bestimmte Lebensmittel verweigert, weil er panische Angst hat zuzunehmen, dann ist das auch ein gestörtes Essverhalten. Manchmal kommt es mir so vor, dass es kaum noch jemanden gibt, der ein normales Verhältnis zum Essen hat. Wir hören von den Ernährungscoaches ständig widersprüchliche Aussagen. Die einen sagen, wir müssen alle fünf Stunden essen. Die nächsten legen uns Intervallfasten ans Herz. Die einen sagen: ›Abends keine Kohlenhydrate!‹, und Sportler meinen, man bräuchte sie unbedingt.«

Der Burger wird's richten – wenn Essen unsere seelischen Bedürfnisse stillen soll

Wenn wir so viel Stress haben oder so viele Probleme und Sorgen, dass Nahrung zu einer der wenigen positiven Stimulationen in unserem Leben wird, dann kann das problematisch werden. Aber auch das Hungern kann ein Ausdruck einer Seele sein, die sich Dinge verwehrt, weil sie leidet.

»Ich kenne das emotionale Essen auch. Während einer früheren Beziehung, die mir nicht gutgetan hat, habe ich viel gegessen und stark zugenommen. Das war das Einzige, was mir Befriedigung gegeben hat. Und manchmal passiert das Gegenteil. Als ich ein anderes Mal wegen eines Mannes Liebeskummer hatte, habe ich

kaum noch etwas gegessen und stark abgenommen. Ich bin also kein Paradebeispiel. Ich rutsche schnell in Extreme, was das Essen oder Nichtessen bei Problemen angeht. Ich kenne das aber auch von vielen meiner Freundinnen. Sehr viele Frauen kompensieren über das Essen oder Hungern ein unausgeglichenes Gefühlsleben. Wir sollten uns damit wirklich auseinandersetzen.«

Essen ist schön. Es löst angenehme Gefühle in uns aus. Und daran ist, wie oben schon genannt, nichts falsch. Es ist ganz natürlich. Wenn Essen aber zur Kompensation wird, weil wir seelisch ausgehungert sind, zu wenig Zeit für uns selbst haben oder es zu wenig (Selbst-)Liebe in unserem Leben gibt, dann wird Essen oft zur heilsbringenden Lösung. Es gibt unserer traurigen, müden oder gestressten Seele Nahrung. Aber eben nur scheinbar. Wir haben eigentlich Hunger nach etwas anderem. Eigentlich wünschen wir uns Geborgenheit, Ruhe, Stimulation, mehr Zeit, Nähe usw. Wer immer weiter isst, auch wenn er keinen Hunger verspürt, dem sollte man keine Diät raten. Er leidet womöglich unter einer Sucht. Und diese Sucht muss behandelt werden.

Wer isst, weil er traurig ist, der muss sich erforschen und die Frage danach stellen,

WAS DIE EIGENE SEELE BRAUCHT.

Wir müssen ihr die Frage stellen, wonach sie sich so sehr verzehrt. Natürlich hilft langfristig, eine bewusstere Ernährung zu verfolgen. Es hilft, sich Zeit für das Essen zu nehmen. Es hilft, regelmäßig und frisch zu essen anstatt zwischendurch aus der Tüte.

»Ich habe in meinem Leben unzählig viele Diäten gemacht. Bereits mit elf oder zwölf Jahren habe ich die Brigitte-Diät ausprobiert, weil meine Mama so ein großer Fan davon war. Später habe ich die sehr strenge Metabolic-Balance-Diät gemacht, mit der ich 20 Kilo abgenommen habe. Ein Jahr hat das gehalten, dann habe ich fünf Kilo zugelegt, und von da an habe ich immer weiter zugenommen. Immer wieder der Jo-Jo-Effekt. Ich habe seitdem, glaube ich, jedes Jahr zwei Diäten gemacht. Atkins, Schlank im Schlaf, Weight Watchers, Abnehm-Shakes. Natürlich hatte ich auch Erfolge, aber letztlich habe ich beschlossen, mich nicht mehr von Diäten und Kalorienzählen abhängig zu machen. Ich möchte lieber meine Energie darauf verwenden, bewusster zu werden, was meinen Körper und mein Essverhalten anbelangt. Ich möchte mein Binge-Eating* in den Griff bekommen,

---

* Bei Binge-Eating oder Essattacken kommt es zu periodischen Heißhungeranfällen. Sie ist die am weitesten verbreitete Essstörung. Viele Betroffene sind adipös oder übergewichtig, aber es gibt auch normalgewichtige Menschen, die unter Bing-Eating leiden. Mehr Informationen zu Essstörungen erhält man beim Bundesfachverband Essstörungen (BFE).

und das funktioniert über eine langfristige Verhaltensänderung im Bezug auf mein Essen, das geschieht mit Bewusstheit darüber, warum ich wie esse. Dieser Weg ist vielleicht kein leichter, aber es ist der nachhaltigere Weg. Natürlich gibt es Tage, an denen das alles nicht so gut klappt. Aber im Allgemeinen habe ich mir selbst versprochen, dass mich der Schweinehund nicht mehr einnimmt. Ich versuche, aktiv zu sein, viel zu laufen. Ich gehe morgens zum Sport und achte auf meine Ernährung. So schwierig es ist im Moment, umso besser geht es mir langfristig. Sport tut mir unendlich gut. Ich tue ihn für mich selbst, und es geht hier auch nicht unbedingt ums Abnehmen, sondern um eine Gesamtfitness. Manchmal habe ich keine Lust und tue es trotzdem. Manchmal habe ich keine Lust und gehe dann auch nicht. Ich will mich nicht zu sehr unter Druck setzen. Ich will nicht ›müssen‹. Aber manchmal trickse ich mich aus und erzähle in den Insta-Storys, dass ich jetzt zum Sport gehe. Und dann muss ich auch gehen, haha.«

Letztlich gehen die Probleme von emotionalem Essen tiefer. Das Gleiche gilt natürlich für das andere Extrem: den Verzicht auf Nahrung. In vielen Fällen bedingen sich die beiden Extreme allerdings. Wir essen viel zu viel, zu schnell und unausgewogen. Wir nehmen zu oder fühlen uns damit schlecht. Wir beginnen mit einer Diät und verzichten wiederum auf wichtige Nahrungszufuhr. Ein gesundes Gewicht ist NICHT durch Kalorienzählen und Diäten oder Hungerkuren zu erreichen. Meistens nehmen wir wieder zu oder halten dem Druck nicht mehr stand und essen wieder viel zu viel. Auf dem Weg zu einem gesunden Essen brauchen viele Menschen mit einem gestörten Essverhalten Hilfe. Von Therapeuten, Selbsthilfegruppen, von Freunden oder der Familie.

»Es ist wichtig, in dich hineinzuhorchen und herauszufinden, was hinter dem soge-nannten Frustessen steckt. Welche Emotio-nen trägst du mit dir herum? Was belastet dich? Worauf hast du Hunger im Leben? Wo verwehrst du dir die emotionale Nah-rung?«

Wenn wir das Essen nicht mehr als Trostspender betrachten, aber eben auch nicht als eine große Sünde, für die wir uns schä-men und die wir im Zaum halten müssen, dann durchbrechen wir langsam den Teufelskreis des Zu-viel-Essens und Verzichts. Wir müssen uns auf Spurensuche begeben nach den wahren Ursachen dieser Art des unstillbaren Hungers. Wir müssen uns auf die Suche nach den Ursachen von Verzicht machen. Letzt-lich müssen wir die Bedürfnisse finden, die gestillt werden wol-len. Jene Bedürfnisse, die ein Schattendasein in uns fristen und über unser Essverhalten zum Ausdruck kommen. Dazu ist viel Bewusstmachung nötig. Es ist ein Teil des Wegs zu einem guten Körpergefühl. Es ist ein Teil des Wegs zur Selbstliebe.

Keiner ist wie er – im Talk mit Riccardo Simonetti

Als wir gemeinsam überlegt haben, wer in unserem Freundes- oder Bekanntenkreis für uns ein Vorbild in Sachen Selbstbe-wusstsein ist, kam uns sofort Riccardo Simonetti in den Sinn.

Wir kannten Riccardos Arbeit als Blogger schon einige Jahre, und er war uns immer sympathisch.

Verena: Als ich dich, Ricci, auf einem Press-Day kennengelernt habe, dachte ich nur: »Was für ein Goldschatz.« Du hast mir immer wieder gesagt, was für ein schöner Mensch ich sei, und hast mir von deiner Geschichte erzählt.

Sophia: Wir schätzen an dir, dass du so ehrlich bist und dass du Akzeptanz wirklich lebst. Du lässt die Menschen so sein, wie sie sein wollen, und verurteilst sie nicht.

Verena: Du bist ja selbst eine sehr schillernde Persönlichkeit und entsprichst jetzt nicht unbedingt der Norm. Wahrscheinlich ist es dir deshalb auch so wichtig, andere so sein zu lassen, wie sie sein wollen.

Sophia: Ricci, du bist einer der selbstbewusstesten, witzigsten und »echtesten« Menschen, den wir kennen, und wir glauben, du hast zum Thema »Selbstbewusst ist das neue Sexy« sicher einige wertvolle Gedanken beizusteuern ... Für alle, die dich nicht so gut kennen wie wir: Erzähle doch mal, wer ist Riccardo Simonetti?

Riccardo: Mein Name ist Riccardo Simonetti. Ich bin 25 Jahre alt und bin mit einer der erfolgreichsten männlichen Blogger in Deutschland. Mein Blog »Life of Ricci« existiert seit sieben Jahren – also seit 2011 – und hat vor allem dadurch angefangen, dass ich darüber berichtet habe, welche Träume ich habe und wie schwierig es manchmal ist, als unkonventioneller Junge durchs Leben zu gehen. Daraus hat sich dann eine Kolumne entwickelt, die meinen Werdegang in der Mode-Entertainment-Welt dokumentiert hat. Aber ich gehe auch über diesen Mode-und-Entertainment-Rahmen hinaus und thematisiere Bereiche wie Mobbing oder Homophobie – nicht nur auf mich bezogen, sondern auch auf andere Menschen. Mittlerweile habe ich eine eigene Fernsehsendung und versuche weiterhin, vor allem auch über Social Media dieselben Werte zu vertreten, die ich seit jeher auf meinem Blog angesprochen habe.

Sophia: Für uns bist du einer der authentischsten Menschen, die wir kennen. Und auch uns ist dieser Aspekt bei unserer Arbeit sehr wichtig. Was ist Authentizität für dich?

RICCARDO:
Authentizität ist für mich, dass man etwas von sich preisgibt, obwohl es sich vielleicht nicht so schön anfühlt, darüber zu sprechen.

Dass man sich auch mal verletzlich zeigt. Zeigt, dass nicht immer alles perfekt ist, sondern auch Themen anspricht, für die man sich ein wenig schämt oder bei denen man sich auch verletzlich macht, wie z. B. eben Mobbing oder Kritik von anderen an der eigenen Person. Für mich ist es ganz wichtig, dass man nicht nur in einer sicheren Umgebung darüber spricht. Außerdem will ich den Leuten vorleben, dass man sich so offen zeigen kann. Wenn ich mich auf einer öffentlichen Toilette beim Tanzen filme, dann mag das für viele vielleicht albern aussehen und lustig, aber dahintersteckt, dass ich den Leuten zeigen will: Okay, ich mag mich selbst, so, wie ich bin, und es ist mir egal, was andere denken. Ich spreche nicht nur darüber, ich zeige es und lebe es vor.

Verena: Oh ja, das tust du. Aber so einfach war das Ganze bestimmt nicht immer, oder? Erzähl doch mal ein bisschen von deinem Weg hin zur Selbstakzeptanz.

Riccardo: Nun, ich frage mich, seitdem ich ungefähr vier Jahre alt bin, was wichtiger ist: Von den Menschen für etwas gemocht zu werden, was man nicht ist, oder einen Weg zu gehen, der vielleicht schwieriger ist, der aber beinhaltet, dass man den Menschen ausleben kann, der man selbst ist. Man kann sich eben nur in eine dieser zwei Richtungen entwickeln. Und ich muss diese Entscheidung jeden Tag aufs Neue treffen und hab mich glücklicherweise immer für den selbstbestimmten Weg entschieden. Ich habe mich selbst immer mehr gemocht als die Meinung der anderen, und deswegen hat dieser Prozess sehr, sehr früh bei mir angefangen. Was nicht heißt, dass es über die Jahre leichter geworden ist, aber es hat mir zumindest gezeigt, dass ich keine andere Wahl habe. Ich kann nicht verstecken, wer ich bin, selbst wenn ich das wollen würde, weil mein Naturell viel zu stark ist und immer wieder durchscheinen würde. Ich wäre sicher auch ganz schlecht darin, so eine Person zu spielen, die ich überhaupt nicht bin.

Sophia: Wer so einen starken Charakter hat und so ein selbstbewusstes Auftreten, der erntet bestimmt auch häufiger Kritik. Viele Menschen haben ja Angst vor Kritik oder davor, abgelehnt zu werden. Wie gehst du mit Kritikern um?

Riccardo: Ich verstehe unter Kritik etwas, was eine Handlung von mir infrage stellt, und denke dann auf jeden Fall darüber nach. Klar, wenn man so viele Menschen im Internet erreicht und so viel mit den Medien zu tun hat wie ich, muss man im ständigen Dialog mit sich selbst stehen und sich selbst auch permanent hinterfragen, um zu gucken, ob die Dinge, die man nach außen hin preisgibt, auch wirklich Hand und Fuß haben.

Aber wenn sich jemand zum Beispiel einfach nur über mein Outfit lustig macht, dann sehe ich das nicht als Kritik. Ich blende das eigentlich aus, weil ich nach dem Konzept lebe, dass man nicht von allen gemocht werden muss. Und dass man, wenn man versucht, es sich selbst recht zu machen, den einzigen Menschen überzeugt hat, den es zu überzeugen gilt. Das ist meine Lebensphilosophie, nach der ich jeden Tag lebe.

Verena: Kannst du die Kernbotschaft definieren, die du anderen mit deiner Arbeit vermitteln möchtest?

Riccardo: Ich möchte anderen zeigen, dass sie lernen können, selbst die Regisseure ihres Lebens zu werden und dass sie sich weniger an dem orientieren sollen, was die Norm hergibt. Für mich ist die Norm eine Mischung aus allem Guten und allem Schlechten, und ich finde, man sollte nicht versuchen, sich mit dem Durchschnitt zu vergleichen. Jeder sollte seine eigenen Maßstäbe setzen und sein Leben nach seinen eigenen Regeln leben. Auch wenn es manchmal schwierig ist, auch wenn es manchmal dafür sorgt, dass manche Menschen sich von einem abwenden werden – man ist am Ende des Tages trotzdem glücklicher. Das schöne Gefühl, man selbst zu sein, das macht süchtig. Wenn man dann abends im Bett liegt, denkt man nicht mehr darüber nach, wie gemein die anderen Leute waren, sondern ist stolz auf sich, dass man sich getraut hat, der Mensch zu sein, der man wirklich ist. Und dieses Gefühl macht so glücklich und lässt nahezu alle Wunden heilen.

Sophia: Unser Buch trägt den Titel *Selbstbewusst ist das neue Sexy*. Was heißt Selbstbewusstsein für dich?

Riccardo: Selbstbewusstsein heißt für mich, sich seiner Selbst bewusst zu sein, wie das Wort schon sagt. Es heißt, dass man im permanenten Dialog mit sich selbst steht und dadurch auch weiß, worin man gut ist und worin man schlecht ist. Es heißt, dass man sich aber trotzdem auch dann mag, wenn man weiß, dass man nicht perfekt ist, und auch, wenn man weiß, dass manche Dinge nicht so sind, wie andere sie gern an einem hätten. Es heißt, dass man sich trotzdem traut, zu diesem Menschen zu stehen, der man nun mal ist – und dass man sich selbst mehr wert ist als die Meinung anderer.

Ich selbst möchte von meinen Fans gar nicht, dass die alle so sein wollen wie ich. Ich fände es schön, wenn ich sie dazu inspirieren kann, mehr an sich selbst und an ihre Träume zu glauben und zu beginnen, die Person zu lieben, die sie nun mal wirklich sind.

Verena: Auch ein sehr selbstbewusster Mensch hat mal schlechtere Tage. Wie baust du dich wieder auf, wenn es dir einmal nicht so gut geht?

Riccardo: Wenn ich vergessen habe, wer ich bin, und mich deswegen irgendwie komisch fühle, versuche ich ganz bewusst, lauter Kleinigkeiten zu tun, die mich wieder daran erinnern, wer ich eigentlich bin. Dann höre ich meine Lieblingsmusik, esse meine Lieblingsspeisen, trage meine Lieblingskleidung, sehe meinen Lieblingsfilm, telefoniere mit meinen Lieblingsmenschen. Wenn ich einfach nur Musik höre, die ich gern mag, fühle ich mich wieder daran erinnert, wer ich bin, und in meinem Kopfkino beginnt ein Film zu laufen, in dem ich selbst der Hauptdarsteller bin. Das hilft mir selbst immer, um mich wieder gut zu fühlen. All diese Kleinigkeiten tragen dazu bei, dass man sich Stück für Stück wieder daran erinnert, wer man ist und wie dankbar man eigentlich für sein Leben sein kann und was für tolle Dinge im eigenen Leben verwurzelt sind.

Ein Boost für dein Selbstbewusstsein

Selbstbewusstsein und das Gefühl von Selbstwert lassen sich, wie schon gesagt, nicht von heute auf morgen aus dem Ärmel zaubern. Um einen grundlegendes, stabiles Selbstvertrauen aufzubauen und beizubehalten, müssen wir uns in Geduld üben und uns immer wieder beweisen, dass wir uns selbst zur Seite stehen (wir lernen also, uns zu »vertrauen«).

An Tagen, an denen wir uns nicht gut fühlen, die Welt schwarz sehen oder unter belastenden Umständen leiden, ist es natürlich schwerer, zu uns selbst liebevoll zu sein. Aber genau jetzt brauchen wir uns besonders. Die folgenden Dinge können helfen, unserem Selbstbewusstsein einen kleinen oder größeren Boost zu geben. An schlechten Tagen. Aber auch an allen anderen.

ATMEN

Das hört sich nun ein wenig seltsam an. Aber der Atem ist ein wunderbares Instrument, um mit uns (und unseren Körper) in Kontakt zu treten. Bewusstes Ein- und Ausatmen ist in sämtlichen Meditations- und Yogapraxen die Methode schlechthin, um ruhig zu werden, Stress zu reduzieren und unsere Aufmerksamkeit zurück auf uns zu richten. Nimm dir morgens nach dem Aufstehen fünf Minuten Zeit, lege eine Hand auf deinen Brustkorb und »checke« bei dir selbst ein, indem du erst auf deinen Atem achtest und dann vielleicht erspürst, wie du dich mit deinem Körper fühlst und was du dir für diesen Tag wünschst. Bewusstes Atmen geht aber natürlich überall. Das können wenige Momente sein. In der Bahn, im Büro, beim Autofahren, während eines Meetings. Den eigenen Atem wahrzunehmen bringt uns sofort in den Moment und zu uns selbst zurück.

MACHE EINE LISTE VON DEINEN STÄRKEN UND DAVON, WAS DU SCHON GESCHAFFT HAST

Es gibt Tage, an denen sieht die Welt in und um uns herum grau und düster aus. An diesen Tagen können wir unserem Blick in den Spiegel vielleicht kaum etwas abgewinnen. Oder wir glauben, wir hätten in unserem Leben nichts geschafft. Diesen Gedanken kannst du entgegenwirken, in dem du ganz pragmatisch und realistisch einen Schritt von deinen Emotionen zurücktrittst und eine Liste mit deinen Stärken erstellst. Komm schon, es gibt sicher eine Eigenschaft, die du an dir magst. Erstelle eine weitere Liste mit den Dingen, die du schon geschafft hast. Das müssen nicht unbedingt große berufliche oder akademische Erfolge sein. Versuche, auch in den kleinen Alltagserfolgen etwas Positives zu finden.

STEHE ODER SITZE IN EINER SELBSTBEWUSSTEN HALTUNG

Unser Körper hilft uns dabei, uns selbstbewusster zu fühlen. Es ist wissenschaftlich nachgewiesen, dass sich eine selbstbewusste Körperhaltung positiv auf unser Hormonsystem auswirkt. Wenn du dich klein fühlst, dann mache dich groß. Stelle oder setze dich aufrecht hin, fühle deine Füße fest auf dem Boden, entspanne deine Körperteile und stelle dir vor, dass du offen und bereit für das Leben sein möchtest. Du kannst dir auch ganz eigene »Selbstbewusstseinsposen« überlegen, die du dir im Alltag immer wieder ins Gedächtnis rufst. Stelle dir beim Laufen auf der Straße doch mal vor, du hättest eine Krone auf dem Kopf – oder ein unsichtbares Band zieht deinen Kopf nach oben. Wenn du deine Selbstbewusstseinsposen regelmäßig anwendest, gehen sie dir in Fleisch und Blut über. Übrigens: Auch langsameres Sprechen wird dir helfen, mehr bei dir zu bleiben – und wirkt automatisch selbstbewusster auf andere.

BEWEGE DICH

Wir können es nicht genug betonen: Bewegung ist und bleibt eine wichtige Wohlfühlsäule. Wir wissen, dass sich gerade dicke Frauen oft schämen, sich in einem Gym anzumelden. Das können wir verstehen. Wir möchten dich trotzdem dazu ermutigen, es zu tun. Selbst wenn du blöde Blicke erntest, versuche drüberzustehen. Wir alle dürfen Sport treiben. Das Fitnessstudio ist nicht nur etwas für schlanke Menschen. Wer sich gar nicht traut, kann auch von zu Hause aus trainieren. Gerade in Zeiten von YouTube und Co. gibt es zahlreiche Möglichkeiten zum Hometraining. Bewegung hat einen positiven Effekt auf deine Psyche, du schüttest Glückshormone aus und wirst dich und die Welt danach jedes Mal positiver sehen. Außerdem schaffst du eine Verbindung zu deinem Körper, indem du ihn spürst. Menschen, die sich regelmäßig bewegen, werden auch in anderen Bereichen ihres Lebens »beweglicher«.

SCHREIBE DIR DEINE ZIELE AUF

Es hilft, sich seine Ziele – ob klein oder groß – bewusst zu machen. Wenn du dir deine Ziele aufschreibst, dann achte darauf, dass du sie so spezifisch und detailliert wie möglich ausführst. Frage dich: Ist mein Ziel erreichbar? Welcher Zeitraum ist realistisch? Ist mein Ziel wirklich relevant für mein Leben? Kann ich mein Ziel überprüfen? Es kann helfen, erst mit den großen Lebensträumen zu beginnen und dann kurzfristigere Ziele aufzuschreiben, die dich zu deinen großen Zielen führen können. Schreibe die Schritte auf, die du ganz praktisch dafür tun musst. Und versuche, dich wirklich daran zu halten. Wenn du kleine Ziele erreichst, wirst du umso motivierter sein weiterzumachen.

SEI LIEB ZU DIR

Versuche, in der Kommunikation mit dir selbst kein Abwerter und Verurteiler zu sein. Rede mit dir wie mit deinem Freund und versuche dich im Selbstmitgefühl. Sag dir selbst, dass du siehst, dass du dich gerade nicht wohlfühlst. Ermutige dich und sei in deiner Kommunikation mit dir »gewaltfrei«. Bleibe realistisch, aber sei nicht gemein zu dir selbst.

BITTE UM HILFE UND BIETE HILFE AN

Sei nicht zurückhaltend, wenn du die Hilfe von anderen benötigst. Und biete auch anderen deine Hilfe an. Untersuchungen haben gezeigt, dass Menschen, die im Leben ihrer Familie und Freunde, aber auch in der größeren Gemeinschaft eine Rolle spielen, glücklicher und zufriedener sind. Wenn wir anderen uneigennützig helfen oder beispielsweise ein Ehrenamt übernehmen, gibt das unserem Leben eine tiefere Dimension, als wenn wir nur nach uns selbst schauen. Wenn wir uns mit anderen verbinden, um gemeinsam etwas zu erreichen, stiftet das Sinn in unserem Leben, und wird haben das Gefühl, etwas bewirken zu können (was zu Selbstwertgefühl führt, wie wir ja schon thematisiert haben).

BAUE DEINE KOMPETENZ AUF

Wenn du dich mit oder in etwas unsicher fühlst, dann frage dich, wie du zu mehr Kompetenz gelangen kannst. Übung macht den Meister. Niemand lernt ein Instrument von heute auf morgen, und so ist das eigentlich mit allen Dingen im Leben. Gib dir Zeit und sage nicht, dass du etwas nicht kannst, bevor du es nicht 100-mal geübt hast. Bereite dich, so gut du kannst, auf Meetings oder Prüfungen vor. Wenn du dich gut vorbereitet hast und kompetent fühlst und das auch Früchte zeigt, werden diese Erfolgserlebnisse immer weiter motivieren. Baue dein Wissen und deine Kompetenz auf, das wird dich empowern.

TUE DIR GUTES – IN ALLEN BEREICHEN

Trage Kleidung, in der du dich wohl oder sexy fühlst. Esse qualitätvolle, frische Lebensmittel. Kaufe dir ab und zu auch mal eine Delikatesse. Verwöhne dich auch mal. Mach es dir beim Essen schön und bereite dir in Ruhe etwas zu. Schaffe ein schönes Ambiente in deiner Wohnung. Mache Kerzen an. Nimm dir ganz bewusst Zeit für dich. Nimm eine lange, ausgiebige Dusche. Mache dir eine Gesichtsmaske. Gehe zur Maniküre. Nimm dir immer wieder Me-Time. Pflege deinen Körper, denn er ist dein Tempel. Tue dir Gutes in allen Bereichen des Lebens. Du hast es verdient. Immer.

MACHE DIR DEINE PRINZIPIEN BEWUSST – UND STEHE ZU IHNEN

Was ist dir wichtig im Leben? Was sind deine Werte und Prinzipien? Was leitet dein tägliches Handeln? Mache dir deine Prinzipien bewusst – und stehe zu ihnen, auch wenn du dich damit manchmal unbeliebt machst. Finde deine Stimme und traue dich, für das, woran du glaubst, einzustehen!

Be yourself – Everybody else is already taken

Wir sind am Ende unseres Buchs angekommen. Vielleicht konnten wir dir etwas mitgeben, was dir helfen kann. Vielleicht konnten wir dich unterhalten oder dir neue Perspektiven zeigen. Vielleicht konnten wir dir auch neues Wissen vermitteln.

Was wir nicht können, ist, dir ein größeres Selbstbewusstsein oder einen positiveren Blick auf deinen Körper zu »zaubern«. Aber wir wollen dir trotzdem sagen, dass du zauberhaft bist. Du hast vielleicht dein ganzes Leben versucht, anders zu werden. Wir wollen dich ermutigen, genau das, was du vielleicht an dir ablehnst, als deine Einzigartigkeit zu betrachten, die Teil deines ganz einzigartigen Zaubers ist – egal, wie oft man dir erzählt hat, dass du anders bist und aus der Reihe tanzt oder eher so sein solltest wie die Masse oder ein Idealbild.

Was wir uns

VON HERZEN WÜNSCHEN,

ist, dass du deinen Blick auf dich weich werden lässt,

dass du gut auf dich aufpasst, dass du dir genügst, so, wie du bist. Wir wünschen uns, dass du die Angst davor, falsch zu sein oder anders zu sein – so gut es dir gelingt –, hinter dir lassen kannst. Wir wünschen uns, dass du das Risiko auf dich nimmst, an deine eigene Größe zu glauben, selbst wenn andere es nicht tun. Wir wünschen uns, dass du, selbst wenn du das Gefühl hast, du seist irrelevant und könntest nichts in dieser Welt verändern, diesen Gedanken keinen Glauben mehr schenkst. Wir alle können etwas verändern.

Du veränderst etwas, wenn du mit deinen besten Freunden sprichst, ihnen Mut machst und sie sich geliebt von dir fühlen. Du veränderst etwas, wenn du ehrlich zu deinen Freunden bist und loyal an ihrer Seite stehst und an ihrer Entwicklung teilnimmst. Du veränderst etwas, wenn du nicht so hart zu anderen bist und verstehst, dass alles seine Zeit benötigt, dass Veränderungen auch Arbeit bedeuten. Und du veränderst am allermeisten, wenn du dir selbst genau dieser Freund bist.

Du bist der erste und einzige Mensch, der so ist wie du. Und trotzdem gibt es so viele Menschen, die so ähnlich fühlen wie du. Wir alle sind verletzlich. Niemand von uns ist immerzu stark, immerzu selbstbewusst. Aber auch deine Verletzlichkeit ist schön. Sie ist Teil deiner ganz eigenen Schönheit, und sie ist es wert, geteilt zu werden. Wir alle werden nicht ewig auf diesem Planeten verbringen, auch wenn es sich manchmal so anfühlt. Wir können entscheiden, ob wir in diesem wilden, wertvollen Auf und Ab des Lebens unser eigener Freund oder unser eigener Feind sein möchten. Lasse dich inspirieren von Menschen, die den Weg der Selbstakzeptanz und Selbstliebe schon länger beschreiten. Aber vergleiche dich nicht mit ihnen.

Denn du gehst deinen Weg in deinem Tempo. Du kannst etwas wollen, was eine andere Person besitzt. Ob es eine Eigenschaft ist oder das Aussehen oder ein Job oder eine materielle Sache. Sei dir aber im Klaren darüber, dass es, selbst wenn du es dann besitzt, bei dir trotzdem nicht das Gleiche sein wird.

Du hast deine ganz eigene Erfahrung. Höre nie auf, diese Einzigartigkeit wertzuschätzen.

Diese Einzigartigkeit ist es, die dich ausmacht.
DAS IST SEXYNESS.

Sexy ist, wenn du weißt und wertschätzt, dass keiner genauso aussieht wie du, keiner genauso fühlt wie du, keiner genau die gleiche Geschichte hat wie du. Das ist nicht nur Selbstbewusstsein, es ist das Wunderschöne an deiner Erfahrung des Lebens.

Dein Körper ist dein Instrument. Er ist das Haus, in dem du wohnst. Sei gut zu ihm, auch wenn er dich enttäuscht. Selbst wenn du viel für deinen Körper tust, wirst du dieses Instrument nicht für immer unter Kontrolle haben, denn wir alle werden alt werden. Und wir alle werden womöglich eines Tages gebrechlich oder krank. Wenn du deinen Wert von deinem Körper und seiner Jugendlichkeit abhängig machst, dann musst du eines Tages unweigerlich enttäuscht werden.

Wisse, dass es nichts mit deinem Liebenswert zu tun hat, wie sich dein Körper zeigt, wie er sich verändert und wie er sich zum Ausdruck bringt. Es ist nicht leicht zu akzeptieren, dass wir alle dieses Schicksal haben, gerade weil wir so sehr darauf getrimmt werden, uns an Jugendlichkeit und dem Ideal von jugendlicher Schönheit festzuklammern. Je eher du dir bewusst machst, dass wir sie aber nicht festhalten können, desto eher kannst du zu deiner inneren Schönheit und den Dingen vordringen, die dein Leben und deine Seele schön machen.

Manchmal treffen wir Menschen, die mögen nur eine Idee von uns, aber nicht die Realität – das, was wir wirklich sind. Und manchmal treffen wir Menschen, die die Idee, die sie von uns haben, nicht leiden können. Und die sich nicht die Mühe geben, unser wahres Selbst kennenzulernen. Das mag wehtun, aber jeder von uns wurde schon einmal abgewiesen. Wir werden das nicht vermeiden können. Es wird Menschen geben, bei denen wir erstrahlen, genau so, wie wir sind. Wenn wir wirklich zu glauben beginnen, dass wir Respekt und Liebe verdient haben, dann strahlen wir das auch aus. Und wir ziehen die »richtigen« Menschen für uns an.

Verlasse die Orte und Menschen, bei denen du nicht du selbst sein kannst. Suche die Orte und Menschen, wo du ohne Masken lieben kannst und geliebt wirst. Dort, wo Menschen auch in härteren Zeiten an deiner Seite sind. Zu jenen Menschen, die deine Integrität stärken und ehrlich zu dir sind. Dort, wo du dich zeigen kannst, auch in deiner Verletzlichkeit.

Liebe mit deinem ganzen Herzen, auch wenn es keine Garantie gibt, dass du immer zurückgeliebt werden wirst. Übe, Dankbarkeit zu fühlen für das, was du vom Leben geschenkt bekommst. Sei für dich da und zeige dich auch, wenn du Angst hast, wenn es dir schlecht geht. Wisse, dass das Leben nie, nie, nie ohne Verletzlichkeit auskommt. Wir alle werden enttäuscht werden. Und wir alle werden wieder aufstehen. Und wachsen und heilen und wieder lieben. Sei dabei an deiner Seite.

Lass dich von nichts gefangen nehmen. Bleibe oder werde eine wilde Seele. Tanze, lache, sei spielerisch in diesem stressigen Alltag, verlasse dich auf deine Intuition. Spitze die Ohren und schärfe deinen Blick für das, was dir guttut, und für das, was dir nicht guttut. Höre in dich hinein. Jeden Tag einmal ganz bewusst. Manchmal wirst du viele Tränen weinen müssen, damit du dich von deinem alten Selbst, das dich lange Zeit kleingehalten hat, verabschieden kannst. Aber wisse, dass diese Tränen heilsam sind. Und wisse, dass du dich nur von alten Stimmen und Konditionierungen verabschiedest, von Bildern und Perfektionsansprüchen, die dich eingesperrt haben. Du bist keinem Perfektion schuldig.

Du bist höchstens dir schuldig, dass du dir vertrauen kannst, weil dir somit auch andere vertrauen können. Aber auch darin kannst du manchmal unperfekt sein. Solange du nur ehrlich mit dir bist. Denn das ist es, was deine Seele braucht. Sie braucht dein Ohr, deinen ehrlichen Rat, deine ehrlichen Tränen und dein ehrliches Lachen. Sei du. Atme durch. Es wird womöglich dauern.

Du wirst immer mal wieder fallen. Aber das Fallen ist nicht schlimm, denn es gibt so etwas wie den »einen richtigen Weg« nicht. Du wirst aus jedem deiner Rückschläge lernen. Denn so etwas wie Scheitern gibt es eigentlich auch nicht. Perfektion ist eine Illusion. Erinnere dich immer daran, dass die Person, die du sein willst, dein »zukünftiges Selbst«, auch immer weiter suchen und weiter lernen wird. Wir bleiben nie stehen, und wir werden bis zu unserem Ende immer auch »Studenten des Lebens« bleiben.

Halte dich an deiner Zuversicht fest. Glaube anderen, wenn sie dir sagen, dass sie dich schön finden. So, wie du bist. Wir reden hier nicht von schönheitsideal-schön. Was sie an dir schön finden, ist die wahre Form von Schönheit, ist deine Seele. Glaube ihnen, wenn sie dich mit einem weichen Blick betrachten. Und lerne von ihnen.

Frage dich also in den Dingen, die dir begegnen: Wo ist die Seele in dieser Erfahrung? Ermutige andere, zu sich zu stehen, suche dir deinen Zirkel. Wenn du eine Frau bist, dann kämpfe mit und für andere Frauen. Erkenne, dass dein Druck und dein Leid vielleicht auch ihr Druck und ihr Leid sind. Selbst wenn sie in einem Land auf der anderen Seite der Erde wohnen. Begegne dir mit Mitgefühl. Und begegne auch anderen mit Empathie.

Wir sagen nicht: Sei immer lieb. Du darfst laut sein, du darfst wild sein, du darfst für deine Werte und Überzeugungen einstehen. Dein Körper ist dein Körper. Du kannst mit ihm machen, was du willst. Du entscheidest.

Du darfst und solltest dich abgrenzen, wenn dir etwas nicht guttut. Aber versuche, das große Bild zu sehen. Wenn dich jemand verletzt, dann grenze dich ab. Aber erkenne, dass verletzte Menschen verletzen. So wird es dir leichter fallen, auch die Stimmen der Bullys hinter dir zu lassen. Du bist kein Opfer, selbst wenn du einmal zu einem gemacht wurdest. Du hast das alles überlebt und warst an deiner Seite. Sei stolz auf dich.

Frage dich: Was müsste ich dem jungen Selbst in mir sagen, dass es an Zuversicht gewinnt? Welche Dinge hätte ich als Kind oder Jugendliche hören müssen in den Momenten, in denen ich mich allein gefühlt habe? Welche Worte und Taten hätten meiner Angst oder meiner Verletzung gutgetan? Was hätte mich entspannt? Sei lieb zu dir. Und streng, wenn du merkst, dass du dich selbst sabotierst. Aber frage dich auch hier: Welche Worte von einer kraftvollen Person oder von einem Mentor hätte mein jüngeres Selbst benötigt, damit ich voranschreiten kann? Schreib diesem jüngeren Selbst einen Brief. Zeige ihm, dass du es ernst meinst, dass du von nun an versuchen wirst, an seiner Seite zu stehen. Und zwar unabhängig davon, ob du irgendwelchen Ansprüchen gerade gerecht wirst. Jetzt, genau jetzt in diesem Moment, bist du vielleicht nicht die beste Version deiner Selbst. Aber du bist immer, immer die wertvollste.

Sei du, denn alle anderen sind bereits vergeben.

Dear Younger Me – Briefe an unser jüngeres Selbst

Wir haben Briefe an unser jüngeres Selbst geschrieben. Wir wollen dich ermutigen, es uns gleichzutun und an dein jüngeres Selbst einen liebevollen Brief zu verfassen. Du wirst sehen: Es ist nicht nur sehr emotional und schön, das zu tun, es hilft dir auch, deine Entscheidung zu einem selbstbewussteren und selbstbestimmteren Leben noch einmal zu unterstreichen.

Meine liebe
VERENA,

ich wünschte, ich hätte dir diese Zeilen schon eher schreiben können, dir eher sagen können, wie schön du eigentlich bist. Ich wünschte, ich hätte dir sagen können, dass all die bösen Worte, die du ertragen musstest, von Menschen stammten, die dich einfach nicht zu schätzen wussten. Menschen, die im Inneren tieftraurig sind und es in diesem Moment einfach nicht besser wussten. Auch wenn du diese Menschen in jenem Alter gehasst hast, so hast du auch gelernt, ihnen Jahre später zu verzeihen. Du wirst in deinen jungen Jahren leider noch einige wenige schöne Erfahrungen sammeln müssen, aber ich kann dir sagen, du wirst davon lernen, du wirst daran wachsen, und vor allem wirst du einmal eine großartige Frau werden. Stell dir vor, du wirst all deine Ängste hinter dir lassen, beginnen, dich und deinen Körper zu lieben. Und vor allem wirst du einen Mann finden, der dich so liebt, wie du bist. Deine größten Sorgen und Ängste werden nicht wahr werden, du wirst einen tollen Job haben und sogar auch als Model tätig sein. Du wirst das erreichen, wovon du immer geträumt hast.

Meine liebe Verena, ich habe Tränen in den Augen, weil ich dir diese Zeilen schreibe, aber es ist so wichtig, dass du all diese Dinge noch einmal gesagt bekommst. Ich bin so stolz auf dich, Mama und Papa sind so stolz auf dich, und auch dein zukünftiger Mann unterstützt dich in jeder Lebenslage. Auch wenn es dir gerade schwerfallen muss, das alles zu glauben, so lass dir gesagt sein, dass du deinen Weg gehen wirst.

Ich liebe dich!

Liebe
SOPHIA,

ich wünschte, du würdest wissen, wozu du in der Lage bist. Ich wünschte, du würdest jetzt schon wissen, wer du bist, ohne die Worte der anderen zu glauben. Du hast die Chance, jeden Tag neu anzufangen und zu entscheiden, wie dein Leben aussieht. Deine Vergangenheit definiert dich nicht, genauso wenig deine Fehler. Und noch weniger definieren dich andere Menschen.

Was wirklich zählt, ist deine ganz eigene Entscheidung, ist, wer du sein willst. Du hast Zeit, dir stehen so viele Momente bevor, die alles verändern werden.

Ich blicke ein bisschen traurig auf dich zurück. Du verpasst zu viel, weil dir gesagt wird, dass du es nicht kannst oder es nicht wert bist. Dass du nicht schön genug, nicht klug genug bist. Ich weiß genau, wie du dich in solchen Momenten fühlst, denn, um ehrlich zu sein, wird es diese Momente immer geben. Du fühlst dich paralysiert, eingeschüchtert. Du schämst dich irgendwie und fühlst dich machtlos. Aber in solchen Momenten bist du dein schlimmster Feind. Es zählt nicht, was andere dir sagen, wichtig ist die Beziehung zu dir selbst. Sei geduldig mit dir, aber bleib nicht stehen. Denk nicht so viel nach, mach es einfach. Du bist die einzige Person, die dein Leben leben kann, also mache nur das, was du willst.

Verstelle dich nicht für andere, sondern sei mutig, sei du selbst. Nur du allein musst glücklich mit dir, deinem Leben und deinen Entscheidungen sein. Alles andere wird sich anpassen. Das Leben ist schön, und manchmal kommen auch weniger schöne Zeiten. Solange du aber mit dir selbst im Reinen bist, übersteht man auch diese Momente. Es klingt nach einem dummen Klischee, ist aber mehr als wahr: Die wichtigste Beziehung in deinem Leben ist die zu dir selbst.

Quellen und Hintergrundliteratur

SCHÖN, SCHÖNER, AM SCHÖNSTEN – ODER WELCHEN EINFLUSS SCHÖNHEITSIDEALE AUF UNSEREN SELBSTWERT HABEN

Barbara Diertl: Zur Vermittlung von Schönheitsnormen und deren Bedeutsamkeit für psychische Störungen, Diplomica Verlag GmbH, 2008

http://www.handelsblatt.com/unternehmen/handel-konsumgueter/kosmetikindustrie-make-up-boom-dank-selfie-wahn/19748768.html

https://de.statista.com/statistik/daten/studie/5210/umfrage/umsatz-mit-dekorativer-kosmetik-seit-2004/

https://de.statista.com/themen/1058/schoenheitsoperationen/

http://www.bfa-ernaehrung.de/statistiken-schoenheit

http://www.handelsblatt.com/unternehmen/beruf-und-buero/leaderin/studie-zu-schoenheitsdruck-bin-ich-schoen-ein-laender-check/13858820.html

https://www.unilever.com/Images/dove-girls-beauty-confidence-report-infographic_tcm244-511240_en.pdf

https://www.bzga-essstoerungen.de/fileadmin/user_upload/medien/PDFs/Hoelling_Essstoerungen.pdf

BIN ICH SCHÖN?

Umberto Ecco: Die Geschichte der Schönheit, Hanser Verlag, 2004 https://www.br.de/puls/themen/leben/geschichte-der-schoenheit-mode-trends-durch-die-jahrhunderte-100.html

ILLUSTRATIONEN DER SCHÖNHEITSIDEALE DER LETZTEN 100 JAHRE

https://www.schweizer-illustrierte.ch/gesellschaft/thema/traumfrauen-letztes-jahrhundert-frauen-vorbilder-ideal-gibson-girl-fotos

http://www.dailymail.co.uk/femail/article-2913285/How-shape-perfect-body-changed-100-years.html

http://geniusbeauty.com/cosmetics/beauty-standards-changes-over-last-100-years/

GIBT ES DIE EINE SCHÖNHEIT ÜBERHAUPT?

https://www.youtube.com/watch?v=PwTARAFUEFE

https://www.bustle.com/articles/29460-esther-honigs-before-and-after-series-challenges-ideas-about-global-beauty

https://www.nzz.ch/vermessene_schoenheit-1.4268997

https://www.ncbi.nlm.nih.gov/pmc/articles/PMC2814183/

https://www.ncbi.nlm.nih.gov/pmc/articles/PMC4629915/

https://www.spektrum.de/news/wie-berechnet-man-schoenheit/793179

PERFEKTSEIN IST KEIN GARANT FÜR LIEBE

http://www.scinexx.de/wissen-aktuell-16243-2013-06-11.html

http://de.wikimannia.org/Taille-H%C3%BCft-Verh%C3%A4ltnis

WARUM STEREOTYPE EINE SELBSTERFÜLLENDE PROPHEZEIUNG SEIN KÖNNEN

Bian, L., Cimpian, A., Leslie, S.-J.: Gender stereotypes about intellectual ability emerge early and influence children's interests, Science Mag, 2017

Bian, L., Cimpian, A., Leslie, S.-J., Murphy, M.: Messages about brilliance undermine women's interest in educational and professional opportunities, Journal of Experimental Social Psychology, 2018

Keena Arbuthno: The Effects of Stereotype Threat on Standardized Mathematics Test Performance and Cognitive Processing, Harvard Educational Review, 2009

Steven J. Spencer, Claude M. Steele, Dianne M. Quinn: Stereotype Threat and Women's Math Performance, Journal of Experimental Social Psychology 1999

WAS IST TYPISCH WEIBLICH? UND WAS TYPISCH MÄNNLICH?

Matthias Stiehler, Lothar Weißbach: Männergesundheitsbericht 2013, Im Fokus: Psychische Gesundheit, Verlag Hans Huber, 2013

https://www.baby-und-familie.de/Erziehung/Warum-schon-Kinder-Vorurteile-haben-497907.html

DAS GEHIRN IST ABER GAR NICHT SO PINK UND BLAU!

Lise Eliot: Pink Brain – Blue Brain, Houghton Mifflin Harcourt, 2009

SPIELZEUG: STARKE JUNGS, SEXY MÄDCHEN

Christine R. Starr, Gail M. Ferguson: Media & Maternal Influences on Young Girl's Self-Sexualization, October 2012 (https://experts.illinois.edu/en/publications/sexy-dolls-sexy-grade-schoolers-media-amp-maternal-influences-on-)

https://www.youtube.com/watch?v=9zKfF40jeCA

KINDERBÜCHER UND ZEICHENTRICKFILME

McCabe, J., Fairchild, E., Grauerholz, L., Pescosolido, B., Tope, D.: Gender In Twentieth-Century Children's Books, Gender and Society, Vol. 25, No. 2, Sage Publications, April 2011

DISNEY-HELDINNEN UNGESCHMINKT

https://www.buzzfeed.com/lorynbrantz/this-is-what-disney-princesses-look-like-without-makeup

EXKURS: FRANKREICH SETZT EIN BODY-POSITIVE-ZEICHEN

http://www.zeit.de/karriere/beruf/2017-05/frankreich-gesetz-magermodels-gesundheitsministerium-bmi

http://www.spiegel.de/panorama/frankreich-gesetz-gegen-magermodels-tritt-in-kraft-a-1146452.html

DIE FRAU IN DEN MEDIEN – HAUPTSACHE JUNG UND SCHÖN

https://www.youtube.com/watch?v=8kgQADIHVSA

EXKURS: DOVE UND DIE INITIATIVE ZUR »WAHREN SCHÖNHEIT«

https://www.huffingtonpost.com/2014/01/21/dove-real-beauty-campaign-turns-10_n_4575940.html

https://en.wikipedia.org/wiki/Dove_Campaign_for_Real_Beauty

DIE SOZIALEN MEDIEN SIND FLUCH UND SEGEN ZUGLEICH

#Status of Mind. Social Media and young people's health and wellbeing, Young Health Movement Survey, Royal Society for Public Health, 2017 (https://www.rsph.org.uk/our-work/campaigns/status-of-mind.html)

Hilbert, A., Braehler, E., Haeuser, W., Zenger, M.: Weight bias internalization, core self-evaluation, and health in overweight and obese persons, Obesity (Silver Spring), 2013

EXKURS: *GNTM:* ICH HABE HEUTE LEIDER KEIN FOTO FÜR DICH

Internationales Zentralinstitut für das Jugend- und Bildungsfernsehen (IZI), München (Hrsg.): ANAD, München (Hrsg.): Warum seh' ich nicht so aus? Fernsehen im Kontext von Essstörungen, 2016

https://www.welt.de/print/welt_kompakt/vermischtes/article140007064/Bulimie-durch-Heidi.html

EXKURS: DIE FOLGEN VON MOBBING

https://www.welt.de/gesundheit/psychologie/article141926473/Viele-Mobbing-Opfer-sind-ein-Leben-lang-gezeichnet.html

https://www.focus.de/familie/psychologie/psychoterror/der-feind-in-meiner-schule-mobbing_id_1733876.html

DER KAMPF GEGEN BODY-SHAMING – DICKE SIND FAUL, UNGESUND UND HÄSSLICH?

https://www.uni-tuebingen.de/uploads/media/12-08-23Adipositas_und_Beruf.pdf

http://www.sueddeutsche.de/gesundheit/uebergewicht-schlecht-behandelt-weil-dick-1.3614958

WARUM »DICK« (K)EIN SCHIMPFWORT IST

https://www.youtube.com/watch?v=ME-c0l8oTkY

https://www.youtube.com/watch?v=xTmlI62aQ5A

http://www.bento.de/gefuehle/ballett-lizzy-howell-ist-uebergewichtig-aber-traeumt-davon-ballerina-zu-werden-1151858/

https://www.welt.de/regionales/nrw/article170304860/Ich-bin-dick-Vollschlank-klingt-doch-bloed.html?wtrid=socialmedia.email.sharebutton

https://www.gala.de/beauty-fashion/beauty/ilka-bessin--sie-laesst-die-huellen-fallen-21453460.html http://www.nw.de/kultur_und_freizeit/magazin/kopf_der_woche/22022414_Ilka-Bessin-Du-denkst-irgendwann-dass-du-die-Groesste-bist.html

BODY POSITIVITY 101 – WORUM GEHT ES HIER ÜBERHAUPT?

https://www.thebodypositive.org/

https://www.thebodypositive.org/about#About-Us

EXKURS – SCHÖNHEITSWETTBEWERBE IM WANDEL

https://www.focus.de/kultur/mode/mikayla-holmgren-miss-wahl-in-den-usa-erste-teilnehmerin-mit-down-syndrom-will-ein-zeichen-setzen_id_7920786.html

https://www.nytimes.com/2017/11/02/world/americas/peru-beauty-pageant-feminicide.html

KRITIKPUNKT: ES GEHT BEI BODY-POSITIVITY NOCH ZU VIEL UM SCHÖNHEIT

https://www.youtube.com/watch?v=uDowwh0EU4w

SELBSTBESTIMMUNG IS KEY

https://i-d.vice.com/en_uk/article/8xn895/caitlin-stasey-is-reclaiming-the-female-body-by-publishing-her-own-naked-photos-on-the-internet

WIE DEFINIERT SICH SELBSTWERTGEFÜHL?

Nathaniel Branden: Die 6 Säulen des Selbstwertgefühls, Piper Verlag, 1994

Morris Rosenberg: Society and the adolescent self-image, Princeton University Press, 1965 (https://www.psytoolkit.org/survey-library/self-esteem-rosenberg.html)

EXKURS: 50 LEUTE, EINE FRAGE

https://www.youtube.com/watch?v=f0tEcxLDDd4&feature=youtu.be

EMOTIONALES ESSEN – DER UNSTILLBARE HUNGER

http://www.zeit.de/wissen/gesundheit/2017-10/uebergewicht-kinder-fettleibigkeit-who-adipositas

https://www.dge.de/presse/pm/so-dick-war-deutschland-noch-nie/

http://www.sueddeutsche.de/gesundheit/weltweite-studie-millionen-kinder-sind-fettleibig-1.3703208

Wer in der Gegenwart erfüllt und glücklich ist, schaut dankbar in die Vergangenheit und voller Vertrauen in die Zukunft. Aber wie findet man einen Weg, der hilft, alten Schmerz zu heilen und wieder aus tiefstem Herzen vertrauen zu können?

Laura Malina Seiler teilt in diesem Buch ihre Herzenswahrheit mit ihren Lesern – in der Hoffnung, ihr Herz damit wieder öffnen und berühren zu können. Ihre heilenden Übungen, Rituale, Reflexionen und Meditationen helfen dabei, mentale und emotionale Blockaden aufzulösen, Ängste in Stärken zu verwandeln und wieder Dankbarkeit und Liebe in das Leben strömen zu lassen.

Dieses Buch nimmt seine Leser mit auf eine Entdeckungsreise zu sich selbst, die es ermöglicht alten Schmerz zu heilen, sich mit dem Höheren Selbst zu verbinden und Zugang zu seinem außergewöhnlichen Potenzial zu bekommen.

240 Seiten · ISBN: 978-3-8312-0456-4 · Preis: 20,00 € (D) 23,60 € (AT)

KOMPLETTMEDIA

Louisa Dellert ist erfolgreiche Fitnessbloggerin, Instagramerin, Influencerin –
und kann sich plötzlich nicht mehr nur noch mit dieser Rolle identifizieren. Im
Urlaub wird ihr klar, wie unachtsam wir mit der Welt umgehen, in der wir leben.
Aus dem Bedürfnis heraus, sich mit dem Thema Umweltschutz zu beschäftigen,
teilt Louisa ihre »grünen Gedanken« mit ihren Followern, die sie Schritt für
Schritt mitnimmt auf ihrem Weg zu einem nachhaltigeren Lebensstil – ohne
sich dabei zu verbiegen. Louisa weiß, dass sie noch lange nicht alles richtig
macht, aber wenn jeder mit anpackt und Kleinigkeiten in seinem persönlichen
Leben verbessert, hat das auf einmal ganz schön viel Gewicht.

Mit diesem Buch ist es ganz leicht, sich auf den eigenen Weg zu mehr Nach-
haltigkeit zu machen. Schritt für Schritt bewegt sich Louisa durchs Haus und
damit durch die verschiedenen Lebensbereiche und zeigt, was der Leser dort
jeweils für die Natur tun kann. Am Ende jedes Kapitels gibt es Challenges in
verschiedenen Schwierigkeitsstufen, mit denen der Leser Baum-Emojis für eine
grünere Welt verdienen kann.

208 Seiten · ISBN: 978-3-8312-0471-7 · Preis: 18,00 € (D) 18,50 € (AT)

KOMPLETTMEDIA

Nach ihrem erfolgreichen Podcast »Ernährungspsychologie leicht gemacht« gibt Bastienne Neumann jetzt auch im Buch »Erst denken, dann essen« ihren Weg zum Wunschgewicht weiter, denn zu wissen, wie gesunde Ernährung aussieht, reicht noch lange nicht, um auch wirklich abzunehmen.

Bastienne ist überzeugt: Wer langfristig abnehmen möchte, muss zuerst sich selbst verstehen.

Mit ihrer aus der Ernährungspsychologie entwickelten Methodik lässt sich die Kontrolle über das eigene Essverhalten zurückgewinnen. Mit diesem Strategiemix aus Psychologie und Ernährungsberatung hat sie auch selbst 30 Kilo abgenommen.

Das Buch überzeugt durch einen Mix aus persönlicher Geschichte und fundiertem Wissen aus der Ernährungspsychologie. In der angehängten 5 Wochen Challenge hält die Autorin ihre Leser dazu an, die eigenen Essgewohnheiten wahrzunehmen und bewusst zu verändern.

240 Seiten · ISBN: 978-3-8312-0470-0 · Preis: 19,99 € (D) 20,50 € (AT)

KOMPLETTMEDIA